[マインドセット]
ビジネスマン
最高のカラダ作り

マインドセット コーチ
スポーツトレーナー・たかこ整骨院院長
高子 大樹

ぱる出版

はじめに

あなたも、過去に夢を諦めてしまったことはありませんか?

そして、本当にそのままでいいですか?

私はトレーナーや整骨院の仕事を通じて、多くの人と接してきました。その中で何度も感じたのは、「もう少し頑張れば夢に手が届くのに」と思うような場面で、自分から夢を諦めてしまう人が多いことです。

彼らに話を聞くと、決まって返ってくるのは、

「どうせ無理……」

「やっぱりダメだ……」

数回の失敗で、「自分にはできない」と決めつけて、挑戦しなくなるのです。

しかし、そんな中でも、大ケガを乗り越え、再び輝きを取り戻すアスリートたちがいます。

たとえば、私が復帰をサポートした横浜DeNAベイスターズの東克樹投手。彼は肘の手術を受け、肘が曲がらない状態に陥りました。普通なら絶望してもおかしくない状況ですが、彼は「絶対に復帰して、活躍する」という強い信念を持ち続け、見事に最多勝利投手としてカムバックを果たしました。

私がこれまで多くのアスリートと関わって気づいたのは、彼らが決して「特別な才能」に頼っているわけではないということです。彼らには、圧倒的な「マインドセット」があります。

マインドセットの力

マインドセットを変えれば、人は諦めずに挑戦し続けることができます。

これは、私自身が経験したことでもあります。

私はスポーツトレーナーに憧れ、整骨院業界に飛び込みました。しかし、入社して2年半で挫折し

です。

フリーター生活に陥りました。

そんな他責思考で不満ばかりを抱え、成長できない理由を外に求めていました。結果、整骨院を辞め、フリーターとして働いていたジムで、私は彼のトレーナーにスカウトされました。そこで目の当たりにしたのは、プロとしての厳しさでした。

そんな自分を変えるきっかけになったのが、サッカー元日本代表・岩本輝雄さんとの出会いです。

「どうして誰も教えてくれないの？」
「この環境では成長できない……」

ました。なぜなら、「教えてもらうのが当たり前」という受け身の姿勢で、学ぶ意欲が曖昧だったから

岩本さんは「プロとは何か？」を背中で教えてくれました。彼は、常にトレーニングの目的を明確にイメージし、一つ一つに全力で取り組んでいました。その姿を見て、私は気づきました。

「プロとアマの違いは、才能じゃない。意識と覚悟の差だ。」

それから私は、受け身で学ぼうとするのをやめ、自分から知識を吸収しようと努めました。毎週、仙台から東京へ夜行バスで勉強会に通い、学びに没頭しました。その結果、FIFAクラブワールドカップに帯同し、プロ野球選手やプロ格闘家のサポートをするスポーツトレーナーとして活動できるようになりました。

すべての転機は、「マインドセット」が変わった瞬間に訪れたのです。

諦める人と、諦めない人の違い

多くのアスリートや一般の方々と接する中で確信したのは、「諦める人」と「諦めない人」の違いは、才能や環境ではなく、考え方にあるということです。

諦める人は、自分の視点だけで考え、現状を見て「無理だ」と判断します。

「もうダメだ……」

「自分には才能がない……」

このように、一人で抱え込んでしまうのです。

一方で、諦めない人は、うまくいっている人から素直に学ぼうとします。たとえば、巨人でも活躍した矢貫俊之投手。彼が高校時代、3年間補欠だったという話を知ったのは、プロ入り後のことです。試合に出られない間も腐らず、黙々と努力を続けた結果、プロ野球の舞台へとたどり着きました。

「3年間補欠だったのに、プロになれるのか……!」

この話が示すように、「諦めるか、挑戦し続けるか」は、すべて本人の意識次第なのです。

本書を手に取ってくれたあなたへ

この本を手に取ってくれたあなたは、少なからず「変わりたい」と思っているはずです。

この本は、「どうせ無理」「自分なんて……」と諦めかけている人のために書きました。

「マインドセットを変えれば、人生は劇的に変わる」

この本を最後まで読み、忠実に実践すれば、あなたの人生は必ず変わります。

諦めマインドから、成長思考へ。挑戦しない人生から、挑戦し続ける人生へ。

人生を変えるのは、難しいことではありません。

決断した瞬間から変わるのです。

あなたも、アスリートが実践するマインドセットを学び、人生を変えていきましょう。

その一歩が、あなたの未来を大きく変えることを信じています。

高子大樹

「マインドセット」ビジネスマン最高のカラダ作り　目次

5章　ブレない心と身体の鍛え方

6章　デスクワーク中心のビジネスマンにおすすめ！「リセット体操」

執筆協力・（株）ワーズファクトリー　高田和典

1

マインドセットを書き換えて成功脳になる

1　あなたの夢を確実に叶える方法

「どうすれば夢を叶えることができるのか？」


子どもの頃に描いた夢、大人になってから描いた夢。

あなたはどうすれば叶えることが出来ると思いますか？

「うーんなんだろう・・」

と思考が止まってしまった方は是非この本を読み進めて下さい。


私は長年プロ野球選手、プロサッカー選手、プロ格闘家などトップアスリートを施術してきました。

その中で夢を叶えていく人には共通の成功法則があることに気付いたのです。

その共通項を今回、１冊にまとめることになりました。


それはあなたにも本書を通じて自己肯定感を高める方法を知って頂き、プロ野球選手のように夢に挑戦、叶えていって欲しいからです。

世の中には「**物事を継続できずに夢を諦めて自信を失う人**」と「**物事を継続して結果を残出して夢を叶える**」に分かれます。

継続できない人は、挑戦と失敗を繰り返し徐々に自信を失っていき、継続できる人は、挑戦と失敗を糧にさらなる挑戦を続けてより良い結果と揺るぎない自信を手に入れていくのです。

「その差は何なのか？」

をずっと研究してきました。

その答えが、私が仕事を通じて知り合ったトップアスリートの思考の共通項をまとめることで気付いたのです。

実は夢を叶える為の秘訣は「**マインドセットの書き換え**」にあったのです。

「マインドセットとは何か？」

初めて聞く人も多いかもしれません。

マインドセットの解釈は他にも色々とあるのですが本書の中では、ブレない思考パターンという意味を含めて「**マインドセット＝心構え**」として話を進めさせていきます。

＊マインドセット（mindset）を直訳すると人の考え方や好み、習慣と言われています。
元々は心理学の用語で人間が持つそれぞれの「無意識の思考・行動パターン」「固定観念や思い込み」「物事を捉える時の思考の癖」を意味する言葉です。

この思考パターンの書き換えを行うことで、「継続できない癖を克服し、継続できる思考」に変わることが出来るのです。

なぜ今マインドセットが重要なのか？
私の本業である整骨院には数多くのスポーツに熱中する社会人や運動部の学生が来院

し、身体のこと以外にもたくさんの話をします。

その中で感じることがあります。

それは、

「情報が溢れ選択肢が多いが故に心も身体もブレている」

ということです。

「誰でも楽して〇〇できる」

みたいな情報に振り回されて、自分は本当が何をしたかったのか？

ということを忘れてしまっているのです。

このような状況をみているのはこちらもしんどいものです。

それとは逆に「**自分が何をしたいのか？**」を明確にイメージし実践し夢を叶え続けている人たちもいます。

それはトップアスリートと呼ばれる人たちです。

私は、何人もの夢を叶えた彼らを間近で見てきました。

今や日本プロ野球界の代表的な左腕の横浜ＤｅＮＡベイスターズ東克樹投手もその一人です。

実はトミージョン手術から復帰までを私がサポートさせて頂いたのですが、明確な目的意識と試行錯誤を繰り返しながら、ケガをする以前より大活躍するに至っています。

「プロ野球選手になって１５０キロ投げたい」と18歳の時に夢を語り、高校３年間補欠という位置から社会人を経てプロ野球選手になった元巨人投手で現在も巨人のファームディレクターとして若手育成に力を注ぐ矢貫俊之さんも、明確な目的意識で夢を叶えオールスターにも選出される活躍をし30歳にして１５０キロを投げて夢を実現しました。

他にも沢山いるのですが、彼らに共通するのは「目的から逆算したブレないマインドセット＝心構え」にあったのです。

だから本書でマインドセットの重要性への気づきとワークで、あなたにも自己肯定感を高めてトップアスリートのようなブレないマインドセットを手に入れて頂き、夢に挑戦、叶えて頂きたいのです。

2 継続して結果を出すトップアスリートに共通する「成長思考」

それでは結果を出すトップアスリートは何が優れているから、結果を出しているのでしょうか？

「特殊な才能？　センス？」

そう思う人も多いかもしれません。

確かに一般の人よりは一つのスポーツに対して才能があるかもしれませんしかし、トップアスリートの世界は、才能の塊の〝集まり〟です。

決して才能だけでは、短期的には生き残れるかも知れませんが、長期的には生き残ることは出来ないのです。

それでは継続して結果を出し続けているアスリートに共通する意識とはなんでしょうか？

2年近くリハビリに費やして復帰しセ・リーグを代表する投手となった東克樹投手に、球団記録となる勝利を飾った日に、

「ここまで活躍し続けられる秘訣は何ですか？」

と尋ねた所、

「探求心、向上心ですかね」

というメッセージを頂きました。

つまり**1ミリでも成長したいという成長思考にこそ結果を出し続ける秘密があるのでは**ないかと気付いた訳です。

ただスポーツや武道の世界では「心技体」という言葉があるように土台が不安定では成長思考を保つことは出来ません。

その土台になるのが、「ブレない身体（姿勢）と呼吸」です。

ご存じのように一流選手になればなるほど体幹の安定性が強く、ピンチでも動じないような呼吸を整える能力に優れているのです。

本書の中ではトップアスリートが実践する「心技体」をビジネスマン向けに翻訳していきます。

技の部分はあなたのビジネスに関する領域なので介入できませんので本書では、健全な肉体に健全な精神が宿るという観点からビジネスマン向けのカラダ作りの提案と継続して結果を出し続けているアスリートが実践している「7つの思考法」を理論編と実践編に分けて紹介していきます。

3 行動、継続する為の魔法の質問とは何か？

ところで、なぜあなたはこの本を手に取り読み進めているのでしょうか？


「やっぱりどうしても叶えたい夢がある」

という強い願望からこの本を手にとったのでしょうか？

それとも
「最初の頃のモチベーションが上がらない・・なんとか自分を変えなくてはいけない」

そんな想いかもしれません。

もし行動、継続できずに悩んでいるとしたら最初に
「人が行動、継続出来ない理由」
について考えていきましょう。

圧倒的な行動量と結果を出すトップアスリートと話しているとタイプは色々と違います
が共通するのは、

「明確なゴール設定」


があることです。

ケガで肘、ひざが全然曲がらない状態の時でも
「自分は絶対に○○になる！」

というイメージを具体的に映像化しているのです。

時には周りが妄想とあざ笑うような時でも「明確なゴール設定」により、継続し結果を生み出していたのです。

「私はトップアスリートではないし、そんな明確なゴール設定なんてないよ…」

そんな言葉も聞こえてきそうですが安心してください。

多くの人は明確なゴール設定がないのではなく「**フタを閉じているだけ**」なのです。

本書では、心のフタを開けてゴール設定を明確にし、それを実現する方法を余すところなくお伝えしていきます。
ただ、それを実現していくために最初に一つだけ意識して欲しいことがあるのです。
難しいことではなく結果を出し続けているトップアスリートが実践していることをマネすれば良いだけなのです。

それは

「自分への質問の質を高める」

ということです。

どういうことというと一流と超一流の違いは何かというと
「ベター思考」と「ベスト思考」の差にあると考えています。
ベター思考は結果オーライという思考で良い結果が出れば納得、満足という考えで、べスト思考は良い結果が出ても「なぜ良い結果が出たのか？　もっと良い結果を出すためにはどうすれば良いか？」を追求する思考のことです。

私が引退するまで長年サポートしてきたサッカー元日本代表岩本輝雄さんは、まさにベスト思考の塊の人でした。

フリーキックの名手であった彼は、「最高のフリーキック」を追求し、試合で決めたフリーキックを何度も見直し、ボールのスピード、角度を考え続け、テニスボールでリフティングしてボールの芯で蹴る角度を研究。

スパイクもわざと水で濡らして革が足に馴染む状態を徹底に模索していました。

話を戻します。

自分への質問の質を高める方法は

「なぜ（WHY）？」を3～5回繰り返し自分に問いかけた上で「どうすればいい（HOW）？」と問いかけることです。

ちなみに人は5回なぜを繰り返すと根本的な原因にたどりつくと言われていて、これは

「なぜなぜ分析」と呼ばれています。
無理して５回問いかける必要はありませんが、３～５回問いかけることは非常に大切です。

なぜ（ＷＨＹ）の質問を落とし込んだ後に
その上で
どうすればいい（ＨＯＷ）？
の質問を投げかけることはさらに有効です。
理由はＨＯＷという質問は行動を促す力があるからです。

本書の中では、沢山のワークにより心構えを明確にしていきますが、
「ＷＨＹ」と「ＨＯＷ」を忘れずに読み進めて下さいね。

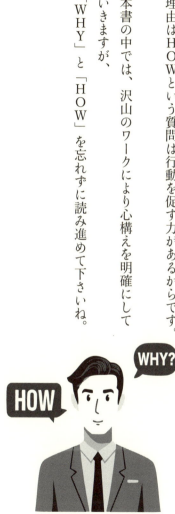

4 なかなか行動に移せない人が最初にすべき事

マインドセットを進める上で大切なことは行動に移すことです。

「行動に移すのが一番難しい…」

その気持ち確かに分かります。


そんな方向けにオススメな方法ですが、まずは最初に変えることをお教えします。

1、言葉使いと服装
2、付き合う人
3、住む場所

の3つです。


これらは全て「環境を変えること」に繋がります。

トップアスリートを見てもチームを移籍して、コーチを変えることで更なる活躍をする選手はよく知っているのではないでしょうか？

それでは１つ１つを分析していきましょう。

１、言葉使いと服装

「え？　そんなことで変わるの？」

そんな風に感じた方もいるかもしれません。

これは実際にやってみるとよく分かるのですが、

「変わります！」

なぜかというと周りが自分を見る目が変わるのです。

想像してみて下さい。

普段ジャージ姿でタメ語の人が、キチっとしたスーツで登場し敬語で話しかけてきたら、

あなたは相手に対してどのような印象を持ちますか？

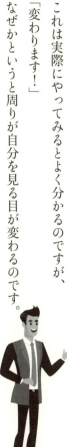

ちょっと不思議な感覚を持ちながらも敬語で対応するのではないでしょうか？

つまり言葉使いと服装を変えるだけで相手の態度が変わるのです。

それにより言葉使い、服装に見合った佇まいになっていくのです。


ですから行動になかなか移せない人ほど「見た目」から変えていくことが大切なのです。

「人は見た目が9割」

といった考えもありますが、あながち間違いではないですね。

2、付き合う人

「地元の友達は友達で大事だけど、もっと上の人間と付き合え、最初は居心地が悪いかもだけど、絶対に自分より経済的にも、人間的にも上の人間と付き合えばどんどん成長出来るから」

これは私の尊敬する成功者から何度もアドバイスを頂いた言葉です。

これを実践してから、かなり状況は変わりました。

ステージの違う人との関係性の構築は最初はしんどいですが、徐々に思考の変化が起こり、むしろ居心地が良い空間に変わり、メンタル的にも心理的にもステージが変わったのです。

ステージの違う上の人との関係性の構築の仕方のポイントは、

①自分の目指している人を明確にする
②その方を徹底的にリサーチする
③その方に自分が提供出来るお土産は何かを考える
④コンタクトを取る
⑤無茶振りにも対応できるようにする

の5つになります。

次のページから詳しく説明します。

①自分の目指している人を明確にする

上の人を付き合うとしても誰と付き合うかを決めなくてはいけません。

身近な尊敬する先輩でも良いかも知れませんし、あなたの業界の有名人でも良いかもしれません。

またはご縁で紹介された人かもしれません。

まずは目指す人を誰にするか決めましょう。

②その方を徹底的にリサーチする

次に大切なことは、相手をよく知ることです。

相手の好きなもの、嫌いなもの。

実績、こだわっているもの。

徹底的に調べて敬意を示すことです。

その中で一番大切なのは、

その方が一番大切にしているもの、価値観は何かを調べておくことです。

相手を知る、

とても大切です。

③自分が提供出来るお土産は何かを考える

その方が一番大切にしてるいもの、価値観を踏まえて今度はあなたが、その方に提供出来るお土産は何か？　を深く考え必要があります。

例えば私は整体師ですので、サッカー元日本代表の岩本輝雄さんに初めてお会いした時には、特殊なＰＮＦというストレッチをお土産として提供しました。

当時、彼はＰＮＦストレッチを知らず、ちょうど柔軟性を求めていたので急速に信用を得ることが出来ました。

また、このような特殊なスキルでなくても、相手が苦手で、あなたが得意なものを考えてｇｉｖｅしてあげるだけで良いのです。

つまりその為に大切なのは相手への関心であることは言うまでもありません。

あなたが相手に関心を持ち好きになれば、ステージが違っても関係性を構築することは実は簡単なのです。

※ＰＮＦ…神経生理学に基づいたリハビリテーションの手法

④コンタクトを取る

お土産を準備したら、コンタクトを取る手段を考えましょう。
一番は紹介です。
間に3人挟めば会いたい人に会える法則を使い、紹介依頼をしていきましょう。
そういう人がいなくても諦める必要はありません。
今の時代、ＳＮＳもあるのでコンタクトを取るのは難しくはありませんよね？
それならばＳＮＳを利用するのも有効かと思います。
ただ関係性が薄い分、配慮する点があります。
それもやはり相手のことを考えることです。
まず、

☆返信が来なくても仕方ないと思う気持ちでいること
☆その上で返信が来なくても諦めない
☆アプローチの仕方を変えて連絡する
を続けてみてください、必ず道は開けてきます。

⑤無茶振りにも対応できるようにする

コンタクトを取り、関係性が作れたとしても、最初のうちは、あなたの方がステージが低いわけですから大切なことは、
出来る限り、相手のワガママに答え対応することです。

ステージが上の人ほどワガママといえばワガママです。

そのワガママに対応し切ることが関係性構築の大きなポイントです。

以上を意識して関係性を構築してみてください。

3、住む場所を変える

これが一番ハードルが高いかもしれませんが逆に言うと一番効果的とも言えます。

その効果はトップアスリートと呼ばれる選手を見ても明らかですよね。

彼らは高校時代から強豪校と呼ばれる高校に進学する為に住む場所を変えています。

人間は、いくら「生活習慣を変えよう」と思ってみても、一度定着した習慣からはなかなか逃れられません。

それゆえに、環境を変えて、強制的に脳に刺激を与えるのはとても効果的です。

脳科学者　茂木健一郎氏も『結果を出せる人の脳の習慣』の中で、

「変化の時代を生き抜くには、ホームでの戦いにしがみつくのではなく、アウェーで戦えることが重要だ」

と語っています。

これは著名な選手だけが当てはまるわけではありません。

私の関わってきた選手の中にも住む場所を変えてステージアップした選手が沢山います。

関東学院大学からプロサッカー選手になった薩川淳貴選手は香川、鹿児島、大分と住む場所を変えながらJリーグのカテゴリーを上げていきました。

海外でプロサッカー選手として活躍する村田勝利選手はモンゴル、ラオス、インドネシア、カンボジアと住む場所を変えながらカテゴリーと収入を増やしていきました。

日本人で8人目の本場、タイのラジャダムナンスタジアムのムエタイ王者になった奥脇竜哉選手は学生時代にタイに住み込んでハングリー精神を学び、実力を大きく伸ばしてチャンピオンになりました。

変わった所ではプロサッカー選手にはなれなかったものの何かで成功したいとあがいて

いた石塚龍成君。
彼はドラゴン龍として日本一周をしながらTikTokで配信をし続けた所、雪の中での生配信をきっかけにブレイクし、YouTuberのヒカルと共演を果たしたりし、いまや日本でも有数なインフルエンサーとして人気を博しています。

住む場所を変えることの効果を理解して頂けたでしょうか？

環境を変えることは、あなた自身を変えるための強力な手段です。

『言葉使いと服装を変える』『付き合う人を変える』『住む場所を変える』という3つの行動から始めることをオススメします。
そうすれば日常生活に新たな刺激を加え、ポジティブな変化をもたらすことができるでしょう。

5 多くの人が過去、現在から未来を見ている

人はなぜ自信がないというのでしょうか？


それは過去、現在の経験、知識から物事を考える習慣がついているからです。

自分の夢を人に語った時に、

「難しいよね…」

「大変だよね」

「どうせ無理だよ」

と言われた経験はないでしょうか？

そこで思い出してください。

その人は、あなたが叶えたい夢を叶えた人でしょうか？

違いますよね？

ちなみに高校3年間と大学2年まで補欠でそこからプロ野球選手になった矢貫氏は、
『どうすればプロ野球選手になれますか?』
と聞かれたら必ずこう言います。
『誰よりも努力して諦めなければプロ野球選手になれるよ』
理由は簡単ですよね、
『矢貫氏自身が誰よりも努力して諦めないことで夢を叶えた張本人だからです』
だから夢を語るポイント、夢を相談するポイントは、
その夢を叶えた人に聞くことです。

多くの人は過去の経験、失敗、現在から未来をみようとしています。

だから夢が小さくなり、自然と行動さえも小さくなるのです。

夢を叶えた人に聞くと未来をしっかり描いた上で、逆算して行動していることに気づくと思います。

過去の経験から未来をみるのではなく未来から今やるべきことを決めていきましょう。

6 ブレない心とカラダを作る為に必要なことは何か？（＝自分を知ること）

「健全な肉体に健全な精神が宿る」という言葉は、身体と精神の密接な関係を表した格言です。

この言葉の原型は、古代ローマの詩人ユウェナリスの言葉「Mens sana in corpore sano」（健全な体に健全な精神）からきています。

この考え方は、古代ギリシャやローマの文化に根ざしており、彼らは身体と精神のバランスを非常に重視していました。

これは、健康な身体が健康な精神を支える基盤となるという考え方に基づいています。

健康な体は、精神の健康にも良い影響を与えます。

例えば、適度な運動やバランスの取れた食事は、ストレスの軽減や気分の安定に寄与します。

逆に、体調が悪かったり、慢性的な疲労があると、精神的にも不安定になりやすいです。

身体と精神の相互作用が大きいとも言えます。

Column

奥脇竜哉選手（ムエタイ）

奥脇竜哉選手がチャンピオンを目指すようになったきっかけは、小学6年生の時に訪れたルンピニースタジアムでの経験でした。そこで目にしたタイトルマッチの選手たちの姿に圧倒され、「かっこいい」と強く感じたことが、彼の心に火をつけました。

成長を実感したのは、試合の中で先生方と立てた作戦がうまく機能した瞬間でした。努力が形となり、戦略が成功した時の手応えは、自身の成長を確信させる大きな要因となったのです。

意外にも、奥脇選手はこれまで「挫折」と感じる経験はないと言います。もちろん、試合や練習での困難はありましたが、彼にとってそれは乗り越えるべき課題であり、立ち止まる理由にはならなかったのです。

選手として大切にしているのは、相手へのリスペクトと応援してくれる人々への感謝。試合ができるのは相手がいるからこそ、そして支えてくれる人たちがいるからこそだと、彼は強く感じています。

最後に、目標が見つからずに悩む同世代へ向けて、「周りの目を気にせず、自分が本当にやりたいこと、一番になりたいことに挑戦すべき」とメッセージを送ります。自分の心に正直に生きることが、チャンピオンへの第一歩なのです。

2

なぜあなたはうまくいかないのか？（ブレ度チェック）

1 不成功マインドに陥ってないですか？

成長・成功していく人といかない人の差を1章の中でもお話してきましたが、行動を変えるきっかけとして言葉使いと服装、付き合う人、住む場所等の環境を変えようということをお伝えしました。

人は環境に依存適応する生き物なのです。

例えば、2軍にいれば2軍のマインドに自然と適応し、3軍にいれば自然と3軍の思考に陥るのです。

成功する人としない人の差は「努力の差」以上に「**努力の方向性の差**」にあると考えられるのです。

前述した矢貫氏は、高校時代3年間と大学2年まで補欠の投手でした。

このままではプロになれないと考えた矢貫氏は環境と行動を変えました。

大学進学と同時にドラフト候補の先輩の横でピッチング練習を開始したそうです。
間近で感じるドラフト候補の先輩の練習に取り組む姿勢・雰囲気・実際の配球…
「プロから注目される人とはこういうことなんだ」
と身をもって体感したそうです。
そしてそこでの気づきを実践し続けてプロへの階段を昇りつめたわけです。
まさに環境の大切さを証明していますよね？

そこで次ページでは「不成功マインド」チェックとして現在のあなたの状況を浮き彫りにしていきます。

高い山を目指すにも現状を把握しないことには決して登ることはできません。
心をフラットな状態にして質問に応えてみて下さい。

2 あなたの不成功マインドチェック

成功するには成功する思考があるように、うまくいかない人には共通の不成功マインドの特徴があります。

不成功マインドを取り除くためには現状把握することが非常に大切です。

「よくある、たまにある、全然ない」の3段階で答えて下さい。

よくある＝2点
たまにある＝1点
全然ない＝0点

合計の欄には、それまでの点数を足して書きましょう。そして、最後に全ての点数の合計を出します。

その合計点で現在のあなたの不成功マインドが分かります。

❶失敗を恐れる、失敗を避けるために挑戦を避けてしまう

よくある＝２点			
たまにある＝１点			
全然ない＝０点			
点数	点	合計	点

失敗を恐れて挑戦を避けることが不成功マインドに繋がる理由は、成長の機会を逃し、自己の限界を試さず、リスクを避けることで成功への道を閉ざしてしまうからです。

成功者は、失敗を恐れず、挑戦することで成長し続け、自己信頼を高めながら目標に向かって進みます。失敗を避けることは、現状維持に過ぎず、長期的な成功には繋がらないのです。成功の鍵は、失敗を学びと捉え、そこから成長する姿勢を持つことにあります。

コンフォートゾーン（詳細は53P）にとどまると、新しい知識や経験を得ることがなくなり、個人的な成長が停滞してしまいます。停滞は成功への道を阻み、競争力を失うことにも繋がります。

安定は一見幸せに見えますが刺激がなくつまらないということを知っておきましょう。

❷一度の失敗を「自分の限界」と見なし自信を失う。

その過去の経験から行動すらしないことがある。

よくある＝2点 たまにある＝1点 全然ない＝0点			
点数	点	合計	点

「失敗＝限界という思い込み」

一度の失敗を「自分の限界」と捉えると、「これ以上は無理だ」「自分には才能がない」という固定的な思考に陥ります。こうした思考は、いわゆる「固定マインドセット」と呼ばれます。

たった一度の失敗を「自分の限界」とみなしてしまうと、自分が成長するチャンスを奪い、失敗を避けるために挑戦すらしないという不成功マインドに陥ってしまいます。

この状態では、自己肯定感が低下し、リスクを取らない選択を繰り返すため、成功の可能性がますます遠のきます。

成功者は、失敗を「限界」ではなく「学び」と捉え、改善と挑戦を繰り返すことで成長を続けます。

失敗を恐れず、そこから学ぶ姿勢こそが、成功マインドを築くための重要な要素です。

※固定マインドセットとは？
心理学者キャロル・ドゥエックが提唱した「固定マインドセット」では、才能や能力が生まれつき固定されていると考えます。この思考を持っていると、他人の成功を「才能があるからできる、自分にはその才能がないから無理」と思いがちです。

そのため、他人の成果を自身の能力不足の証として捉え、自分にはできないと感じやすくなります。

❸常に他人と自分を比較し、劣等感や嫉妬心ばかりに感情を向けてしまうことが多い

他人と自分を比較し、劣等感や嫉妬心に囚われることは、多くの人が経験する感情ですが、これが常習的になると精神的に苦しさを感じ、自分の成長や幸福を阻害する要因となります。

重要なのは、他人との比較を減らし、自分自身の成長や価値に焦点を当てること。

自分の進歩に目を向け、感謝の気持ちや他者への応援の心を育てることで、劣等感や嫉妬心から解放され、よりポジティブで充実した人生を歩むことができます。

よくある＝2点 たまにある＝1点 全然ない＝0点			
点数	点	合計	点

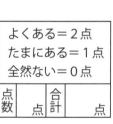

❹他人の成功を「自分にはできない」とネガティブに捉える

他人の成功を「自分にはできない」とネガティブに捉えることは、多くの人が経験する心理的な反応です。

この思考パターンは、自己成長を妨げ、自信を失わせる要因となります。

しかし、他人の成功を学びのチャンスやモチベーションと捉えることで、自分の成長を促進するポジティブな思考へと変えることが可能です。

成長マインドセットを持ち、自分のペースで進むことを大切にしながら、少しずつ自信を養い、他人の成功を祝福する姿勢を身につけることで、成功に向けた道が開けていきます。

よくある＝２点 たまにある＝１点 全然ない＝０点			
点数	点	合計	点

❺自分の成果を過小評価し、常に自分に自信がない

自分の成果を過小評価し、常に自分に自信がない状態は、自己成長や挑戦を阻害する大きな障害となります。

原因としては完璧主義や自己肯定感感の低下、他人との比較などが挙げられますが、これらを克服するためには、日々の小さな成功を認識し、成功体験を積み重ねることが重要です。

また、フィードバックを受け入れ、成長マインドセットを持つことで、自己評価を徐々に改善し、自信を育てることができます。

自分の成果を正しく評価し、自信を持つことで、より大きな挑戦に向かう意欲が高まり、成長への道が開けていくでしょう。

よくある＝2点 たまにある＝1点 全然ない＝0点			
点数	点	合計	点

❻成長や改善のための努力をやめてしまう

成長や改善のための努力をやめてしまうのは、失敗への恐怖、モチベーションの低下、他人との比較など、さまざまな要因が絡んでいます。

しかし、これを克服するためには、目標を細分化し、プロセスを重視すること、失敗を学びの機会と捉えることが重要です。

また、他人との比較を避け、自分の成長に焦点を当てることで、自己肯定感を高め、努力を続ける力が養われます。

努力を継続するためには、時に休息を取り、心と体のバランスを保ちながら、自分のペースで進んでいくことが大切です。

よくある＝２点 たまにある＝１点 全然ない＝０点			
点数	点	合計	点

❼リスクを避けるために安全な選択ばかりをする

リスクを避け、安全な選択ばかりをすることは、一時的には安心感をもたらすかもしれませんが、長期的には成長の機会を逃し、自己肯定感や達成感を損なう可能性があります。

小さなリスクから挑戦し、失敗を学びとして受け入れるマインドセットを養うことが重要です。

リスクを取ることで得られる成長や新しいチャンスは、挑戦しない限り手に入りません。自分の可能性を信じ、適切なリスクを取ることで、より充実した人生やキャリアを築いていくことができるでしょう。

よくある＝2点 たまにある＝1点 全然ない＝0点			
点数	点	合計	点

❽批判されるのが怖く嫌われる勇気が持てない

よくある＝２点 たまにある＝１点 全然ない＝０点			
点数	点	合計	点

なぜ「批判されることを恐れる」ことが不成功マインドになるのか？

それは批判や否定的な反応を恐れるあまり、挑戦的な行動を取れなくなるからです。

新しいことに挑戦するには常にリスクが伴いますが、リスクを取らなければ新しい成果や成長は得られません。

この恐怖が強いと、結果として現状維持を選び、自己成長の機会を失うことになります。

そしてもう一つは、他者評価を過度に気にすることで、他人軸で行動を取るようになります。

この姿勢では、自分が本当にやりたいことや達成したい目標を追求することが難しくなり、結果的に自己実現が遠のいてしまいます。

成功や成長は、挑戦と失敗を繰り返す中で得られるものです。

しかし、批判を恐れて嫌われる勇気を持てないことは「不成功マインド」につながりますそれよりも自分の信念に基づいた行動を取り続けることが重要です。

自分らしく行動し、他者の評価に左右されない強いマインドセットを持つことで、挑戦やリスクを恐れずに前進し続けることができるでしょう。

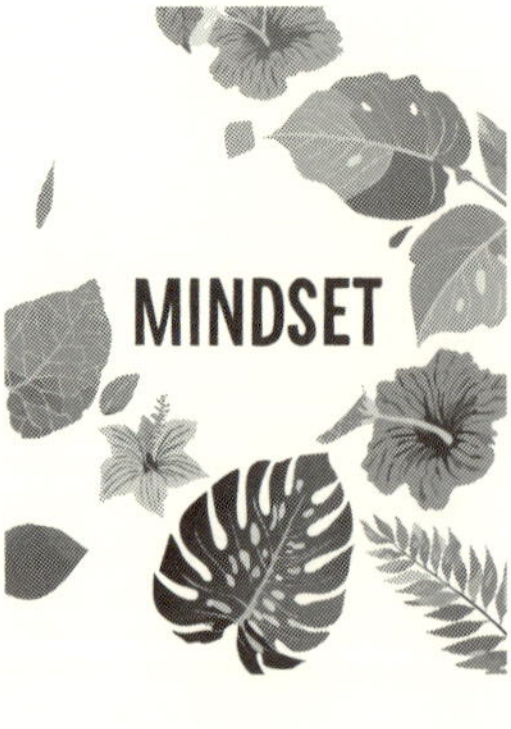

❾「このままが一番」と言い聞かせている自分がいる

なぜ「このままが一番」と言い聞かせることが不成功マインドになるのか？

「このままが一番」という考え方は、一時的な安心感をもたらすかもしれませんが、長期的には自己成長を阻む原因となります。

「このままが一番」思考は潜在意識では変化に対する恐れの表れです。

よくある＝２点 たまにある＝１点 全然ない＝０点			
点数	点	合計	点

現状維持に甘んじることは、コンフォートゾーン（快適領域）にとどまり続けることを意味します。コンフォートゾーン内にいる限り、新しい挑戦や困難に直面することはありませんが、そこには成長もないのです。結果を出す人は常に自らのコンフォートゾーンを拡大し、新しい経験や挑戦に挑むことで自己を成長させています。

現状に満足することは、それ以上の挑戦を避ける傾向があります。

※コンフォートゾーン…ストレスや不安などが少なく過ごすことができる、安心感や安定感がある心理的な領域。快適領域ともいう。

⑩自分の失敗を他人や環境のせいにする

失敗を他人や環境のせいにすることは、不成功マインドの典型的な特徴です。

このような態度は、自分の責任を認めずに外部要因に原因を求めるものであり、自己改善のチャンスを逃し、成長を妨げる結果になります。

成長していくためには、自己の行動や選択に責任を持ち、失敗を学びの材料とすることが重要なのです。

自己責任を取らない姿勢は、自己成長を阻害します。

成長するためには、自分の弱点や改善点に向き合い、それを克服する努力が必要です。

しかし、失敗を他人や環境のせいにすることで、自分自身の成長に必要な行動が取れず、現状に甘んじることになります。

失敗を他人や環境のせいにすると、自分は「被害者」であり、何も悪くないという意識が強まります。

よくある＝2点 たまにある＝1点 全然ない＝0点			
点数	点	合計	点

この被害者意識に囚われると、何かを変える力が自分にはないという潜在意識が刷り込まれていってしまうのです。

成功も失敗も、自分の選択と行動の結果であるという自己責任を持つ姿勢が大切です。自分の行動に責任を持つことで、改善点を見つけ、次のステップでより良い結果を得るための行動が取れるようになります。

左の図で❶〜❿までの合計点の箇所を見てください。現時点でのあなたのマインドが分かります。

合計点	コメント
0〜5	成功脳　すでに成功しているか、成功マインドを備えています
6〜10	環境次第ですぐに成功マインドになります
11〜15	環境だけでなく行動・思考・言動を変えていきましょう
16〜20	「自分が本当はどうなりたいか？」向き合う必要があります

3 自分への問いかけを変えて成功マインドを手に入れる

あなたの不成功マインドはどうだったでしょうか？

あなたの点数はどうでしたか？


ひどく落ち込んだ方もいるかも知れません。

ただ、あくまでこれは「今まで」のことです。

現状を知り、過去とオサラバする為には行動を起こしていきましょう。


不成功マインドが強い人の口癖として特徴として
「でも…」

というネガティブな言葉が出てきます。

言霊という言葉があるように言葉の使い方はとても大切です。

トップアスリートと言われる人たちは、この切り替えが本当にうまいのです。

それでは一般人の私たちには難しいのかというと実は簡単なんです。

「でも…」のあとに「でも…」ともう一度問いかけるのです。

例

「最後まで頑張ろうよ」

「分かった！　でも自分に自信ないし…」

のあとに「**でも本当にそれでいいの？**」と問いかけ直すのです。

そうすると自然と「じゃあ」「やっぱり」という言葉が自然と出てくるはずです。

私はこれを「でもでもじゃあ」と名付けて普段のコーチングでも使っています。

ただ10点以上不成功マインドがある人は出てこないかもしれません。

その場合は後述するも「目的意識の明確化」が必要になります。


私のサポートしてきたトップアスリートが不成功マインドから抜け出す為にしていたことを要約すると、

「少しでもうまくなりたい！」

という成長思考が不成功マインドをぶち壊していたのです。

具体的には、

「成長マインドセットを意識する」

ということになります。


失敗は学びの機会と捉え、失敗から得られる教訓に目を向ける。

自分の能力は努力次第で向上できると信じ、新しいことに挑戦する。

ポジティブな自己対話：
自己批判を避け、ポジティブな言葉で自分を励ます。
自分の進歩を認め、小さな成功を積み重ねる。
リスクを恐れず、新しい挑戦に積極的に取り組む。
挑戦することで得られる成長や経験を重視する。

他人との比較をやめる：

自分のペースで成長することに集中し、他人との比較を避ける。
自分自身の進歩に焦点を当て、自分なりの成功を目指す。

「不成功マインド」に陥っている場合、それに気づき、自分への問いかけを増やして意識的に改善することで成功への道が開けます。

自分のマインドセットを見直し、成長志向を持つことが、自己実現や成功への第一歩です。挑戦を恐れず、学び続ける姿勢を持ち続けることが大切です。

4　いい人だけでは、どうでもいい人で終わっている

「いい人いい人どうでもいい人」

という言葉は、単に「いい人」であるだけでは、自分の価値や存在感が薄れてしまう可能性があることを示しています。

これは、特に自己主張や明確な目標を持たない場合、自分の能力や魅力が十分に発揮されず、他人から軽視されるリスクがあるという警鐘とも言えます。特に世界を相手にする場合は通用しない。

☆なぜ「いい人」だけでは不十分なのか

●自己主張の欠如

「いい人」は他者に配慮しすぎて、自分の意見や希望を抑え込んでしまうことがあります。

その結果、自分本来の魅力を発揮できず、存在感が薄れてしまう可能性があります。

●リーダーシップの欠如

他人に合わせることが多くなると、自分の意見やビジョンを持たないと思われがちです。そのため、周囲から「どうでもいい人」と見なされることがあります。

独自性やリーダーシップを発揮しないと、周囲に対して影響力を持つのが難しくなります。

●利用されるリスク

「いい人」は他人に頼られやすい一方で、時には利用されることもあります。

世の中には善良な人ばかりではないことを自覚しましょう。

いい人であるだけでは、他人の都合に振り回され、疲弊してしまう可能性があります。

☆どうすれば「どうでもいい人」で終わらないか

自分の意見をしっかり持ち、自分の強みや個性を大切にし、それを活かすことを意識しましょう。

常に独自の視点やアイデアを尊重し、それを行動に移すことで、リーダーシップを発揮し、他者と差別化された存在になることができます。

「いい人」であることは大切ですが、それだけでは他人にとって「どうでもいい人」で終わる可能性があります。

自己主張、独自性、リーダーシップを育てることで、周囲にとってかけがえのない存在となり、自分の価値を最大限に発揮できるようになるでしょう。

「いい人いい人どうでもいい人」という言葉は、単に「いい人」であるだけでは、自分の価値や存在感が薄れてしまう可能性があることを示しています。

これは、特に自己主張や明確な目標を持たないと、自分の能力や魅力が十分に発揮されず、他人から軽視されるリスクがあるという警鐘とも言えます。

5 結果を出し続ける人と出せない人の決定的な違い

結果を出し続ける人と出せない人の違いを考える際、プロ野球選手を例に挙げると分かりやすいです。

彼らは一見、お金や名誉などの成功を目指しているように見えるかもしれませんが、実はそれだけがモチベーションではありません。

例えば、ドラフト1位の選手は最初の契約で1億円という大金を手にします。

もしお金だけが動機なら、これ以上の努力をしなくてもいいはずです。

しかし、彼らは「もっと野球がうまくなりたい！」という成長への強い意欲を持っているのです。

つまり、結果を出し続ける人とそうでない人の違いは、「成功」に対する考え方に大きく関係しています。

彼らは「成功」よりも「成長」にフォーカスしているのです。

この姿勢こそが、持続的な成果を生み出す決定的な要素です。

☆成長にフォーカスするとは？

成長にフォーカスするというのは、短期的な成功や結果に固執せず、長期的な自己改善やスキルの向上を重視する姿勢を指します。

☆成長にフォーカスすると、なぜ結果に繋がるのか？

トップアスリートは、単に一度の勝利やタイトルを目指すだけでなく、常に自分を磨き続けています。

たとえ勝利を手にしても、その結果に満足せず、新たな挑戦やスキルの向上に取り組むことで、さらに良い結果を生み出し続けるのです。

結果を出し続ける人と出せない人の違いは、

目標を「成功」だけに置くか、それとも「成長」に置くか

に大きく関わっています。

トップアスリートは、成功を一時的なゴールとせず、成長の過程と捉え、常に自己改善に努めています。

この「成長志向」の姿勢が、彼らを持続的な成功へと導いているのです。

トップアスリートや成功者には、共通する思考の特徴があることが、多くの競技のトップ選手との交流から明らかになっています。

その特徴的な７つの思考法は次のページの通りです。

1、ビジョンの明確化

2、未来からの逆算力

3、徹底的なモデリング

4、自己投資を徹底し、成果に繋げる

5、全集中して結果を出す

6、失敗からの切り替え方

7、自分を客観視して価値を高める

次章では、この7つの思考法について具体的に解説していきます。

3

トップアスリートが実践していた7つの思考とは何か？（理論編）

1 ビジョンの明確化

トップアスリートが持続的に結果を出し続けるための最初のステップは、「ビジョンの明確化」です。

ビジョンとは、最終的に達成したい理想の姿を具体的に描いたもの。 このビジョンを明確に持つことが、日々の努力や成長を支える強力な原動力となります。

理想の姿がより鮮明で具体的であるほど、その原動力も大きくなるのです。

たとえば、高校時代に3年間補欠だったにもかかわらず、プロ野球選手になった元読売ジャイアンツの矢貫俊之氏は、高校3年生の時点で「プロ野球選手になって１５０キロを投げたい」と言い続け、ビジョンを明確に描いていました。

当時の最速は１３５キロだったにもかかわらずです。

実際に本人に確認すると「１５０キロ投げることが自分自身の存在証明になると思っていました」と語り、驚くことに30歳の時に実際に１５０キロを投げるようになったのです。

つまり12年かけて「思考を現実化」させたのです。

なぜビジョンを明確にすることが重要か？

ビジョンを持つことで、自分がどこに向かっているのかがはっきりします。

例えるなら、山登りにおいて「どの山を登るか」を決めないと、登るための準備ができないのと同じです。

さらに、「何のために登るのか」を明確にしないと、途中で一喜一憂し、「やらない理由」を見つけてしまい、長期的な成果を追い求めることが難しくなります。

一方で、ビジョンがしっかりしていれば、困難や挫折に直面しても冷静に対処し、頑張る理由を思い出すことで成長を続けることができます。

つまり、山登りに例えると「どの山を登るか」「何のために登るのか」をはっきりさせるということです。

例　本田圭佑（サッカー）
ビジョン：「ワールドカップ優勝」本田圭佑は、幼少期から「日本代表でワールドカップを優勝する」という明確なビジョンを持ち続けていました。
彼はそのビジョンを胸に、ヨーロッパでの挑戦を続け、日本代表としてワールドカップで輝くことを目指しました。

大谷翔平（野球）
ビジョン：「投打で世界一」大谷翔平は「二刀流」での成功を追い求め、投手と打者の両方で一流になるというビジョンを描いています。
メジャーリーグでその才能を開花させ、「投打で世界一」を目指しています。

【まとめ】

ビジョン＝最終的に達成したい理想の姿を具体的に描こう！

2
未来からの逆算力

未来からの逆算力とは、目標達成に向けて、理想の結果を見据え、そのゴールに至るまでのプロセスを逆算して計画を立てる能力を指します。

この思考法は、多くのトップアスリートが実践している重要な手法です。

高校3年間補欠だったにもかかわらず、プロ野球選手として活躍した矢貫俊之氏は、「プロ野球選手として生き残るにはどうすればいいか？」を常に考えていたといいます。

彼が導き出した答えは、自分だけの独自の強み、つまり「**ユニーク・セリング・プロポジション**（**USP**）」を活かすことでした。

矢貫選手が考える自身のＵＳＰは「対応力」です。

彼は次のように語っています。

「プロ野球の世界はバケモノばかりじゃないですか？　その中で僕が生き残るために必

要だと気づいたのが『対応力』でした。

先発でもリリーフでも、緊急登板でも、どんな役割でもこなせる準備と自信がありました。それは、一発勝負の社会人野球で鍛えられたものだと思います。」

矢貫氏は、この「対応力」という強みを最大限に活かすために、逆算的思考を用い、目標に向けた計画を立ててきたのです。

逆算力を活かすための3つの要素

未来からの逆算力を効果的に活用するためには、以下の3つのプロセスが重要です。

1、復習

過去の経験や学びを振り返り、改善点や成功のポイントを確認します。

まず、過去の行動や結果を見直し、そこから得た教訓を次に活かす方法を考えることが不可欠です。

また、自分の「ユニーク・セリング・プロポジション（USP）」を見つけ出すことも、このプロセスに含まれます。

2、予習

次に訪れるステージに向けて、必要な知識やスキルを事前に準備します。
未来から逆算し、次のステップで何が求められるかを明確にすることが重要です。

3、準備

復習と予習を経て、具体的な準備を行います。
逆算力を活用することで、いつ何を準備すべきかが明確になります。

逆算力のメリット

未来からの逆算力を活用すると、次のような効果が得られます。

- 「今何をするべきか？」が明確になる
- 「今何を優先すべきか？」が分かる

これにより、目標達成までの道筋がブレることなく、効率的に進めることが可能になります。

【まとめ】

自分の強みを明確にした上で逆算思考を活用しよう

未来からの逆算力を活用するためには、「復習」「予習」「準備」という3つのステップを徹底することが重要です。

これらを意識的に行うことで、効率的かつ確実に目標に近づけます。

また、自分のUSP（独自の強み）を明確にし、それに基づいて計画を立てることで、競争の中で優位性を発揮できます。

逆算力を身につけて、「今何をするべきか？」「今何を優先すべきか？」を常に意識しながら行動していきましょう。

３　徹底的なモデリング

「徹底的なモデリング」とは、成功者の行動や思考を観察し、それを模倣することで自分の成長に役立てる手法です。

この概念は、心理学者アルバート・バンデューラによって提唱されました。

彼は、他人（モデル）の行動を観察して模倣するだけで学習が成立すると説明しています。

ただし、単に真似をするだけでは十分ではなく以下のポイントが重要になります。

1、うまくいっている人を真似る

成功している人の行動、思考、習慣には、成功の理由があります。

これを観察し、どのように成功を掴んだのかを理解した上で模倣することが大切です。

2、自分が目指している人を真似る

モデリングは、ただ有名な人や成功者を真似るだけではなく、自分の目標や夢に近い人物をモデルにすることが重要です。

自分の目指すゴールに最も近い成功者の行動や習慣を取り入れることで、目標達成に近づけます。

前述した矢貫氏は「補欠だった大学時代にもドラフト候補の先輩の横で投球練習を繰り返していました。

プロから声がかかる先輩の練習への取り組み方、間の取り方、トレーニング方法の全てを真似ることで沢山の気づきを得ることが出来ました。」と語りプロに行く人のマインドを吸収し続けました。


【まとめ】

目指している成功者をまねしよう

成功者の行動や思考をコピーするだけではなく、自分の目標に合った最適な人物を選び、その成功パターンを理解し応用しよう。

4　自己投資を徹底し成果に繋げる

多くのトップアスリートが実践しているのが自己投資です。

自分のビジョンが明確になった時にトップアスリートが徹底しているのが自己投資です。**時間とお金を目標達成に対して全集中して投資している**のです。

前述した高校3年間補欠からプロ野球選手になった矢貫俊之氏は周りとの能力の差を埋めるべく大学時代は特にお金と時間という自己投資は徹底したといいます。

●治療とトレーニングにはお金をかけていました
●治療院とトレーニングにお金をかけてました！
●高校時代は補欠だったのでチームのトレーナーやスタッフを使うのが申し訳なくて、自分でお金を払って外部に受けに行っていました。

●大学では、トレーナーやトレーニングコーチもいなかったので、ジムに通ってそこのトレーナーにメニューも作ってもらってました。その流れで社会人でも、プロでも、良いと言われるトレーナーやジムには足を運んでいました！　トータルだと、100万円以上は使ってると思います。休養日や練習後に行っていたので、みんなが休んでいる時にどんだけやるか、みたいな気持ちはありました。

とのことでした。

今やセリーグを代表する投手となった横浜ＤｅＮＡベイスターズの東克樹投手も当然の如くリハビリ時も自己投資を徹底していました。

日々自分に必要なトレーニングや治療を追求、食事も無農薬野菜にこだわるなど復帰して活躍するまで全てのエネルギーを費やしていました。

あなたはプロアスリートの自己投資力を聞いて何を感じたでしょうか？

一般社会にいる方は「コスパ意識が高すぎる」故に時間とお金を同時に徹底して投資す

ることが出来ない人が多いのです。

「お得」「もったいない」に振り回されて「成功する機会」を逃しているのですから、その方が「もったいない」と思いませんか？

そして、

「時間がない、お金がない」

が口癖でやらない理由を語るのだけがうまくなっているのではないでしょうか？

なぜ言い訳ばかりして自己投資出来ない人はなぜなのか本質的なことを考えると、

「今の所なんとかなっているから行動を変えられない」

ということではないでしょうか？

もしそう感じたとしたら、

「なんとかならない未来を想像する」

ことも大切かも知れません。

大切なのは本当に小さな一歩です。

5 全集中して結果を出す

「結果にコミット」

どこかのCMで見たキャッチフレーズですが、プロアスリートが実践しているのがまさにコレです。

「全集中」出来る人は結果を出し、全集中しきれない人は結果に繋がらないというのはプロアスリートのの世界でも同じです。

多くの結果を出す選手の特徴として「練習場所の近くに住む」ことが挙げられます。

自ら率先して集中しやすい環境作りを心がけていました。

結果に対する集中力の違いが成果の違いを生み出すのは確かなようです。

6 失敗してからの切り替え力

「切り替える力」

仕事を進めていくうえでもこの力は重要です。

この切り替える力があるかどうかで長く活躍できるかどうかが決まります。

「負けた試合の後、どういう思考で処理して、次につなげるか？」

と色々な選手に質問したところ、共通した回答として出てくるのが、

「自分でコントロールできるところにだけフォーカスして反省、修正して切り替える」

ということでした。

つまり、ある問題が生じた場合、自分側のコントロールできる問題と相手事情のコントロールできない問題が存在するわけです。

「相手の調子がいい」「監督の無茶な要求」等

コントロールが出来ない問題に目を向けるのではなく、自分側でコントロールできる問題だけを反省、深堀して修正して寝て切り替えるというのです。

「この問題点のどの部分は自分でコントロールできる問題か？」を冷静に判断する能力も大切な成長要素といえるのではないでしょうか？

7 自分を客観視して価値を高める

「プロとは何か？」

を徹底しているのがプロスポーツの世界であると考えます。

それは自分の価値を最大化して自分を高く売るのがプロスポーツの世界だからです。

プロ野球やプロサッカーの世界は、

「今年これだけ活躍したから来年は、これくらい給料下さい」

という自分で自分を売り込む世界です。

だからこそ自分の強み、価値を客観的に理解する能力も重要なのです。

交渉力、自己プロデュース能力があるかないかで収入に驚くほどの差が出ることは言うまでもありません。

何気ない日常であっても交渉力や自己プロデュース力は重要です。

常に相手のことを考えて論理的に交渉し、自分の価値をしっかり理解した上で、自分の良さを相手に伝えることでブランド力を高めていきます。

ビジネスでもプロスポーツの世界でもセルフプロデュース能力が重要だということはいうまでもありません。

トップアスリートが成功を掴むために実践する「7つの思考」は、スポーツの世界だけでなく、ビジネスや日常生活にも応用できる重要なマインドセットです。

以下に、その7つをまとめます。

1、ビジョンの明確化

最終的に達成したい理想の姿を具体的に描くことで、

日々の努力を支える強力な原動力や「サボらない理由」を作ることができる。

例
大谷翔平選手の「投打で世界一」
本田圭佑選手の「ワールドカップ優勝」

2、未来からの逆算力

目標達成のために、ゴールから逆算して計画を立てる力。
ポイント
「どうすれば実現できるか？」というＨＯＷ思考を常に持つ
矢貫俊之選手の「対応力を武器に生き残る」という戦略のように、具体的なステップを設計することが重要。

3、徹底的なモデリング

成功者の行動や思考を観察し、自分に取り入れることで成長を加速させる。
例
矢貫選手は、ドラフト候補の先輩の練習方法を徹底的に真似し、多くの気づきを得た。

4、自己投資の徹底

成功するために時間とお金を惜しまず投資する。

ポイント

トップアスリートは、トレーニングや治療に高額な費用をかけ、成長に全集中している

自己投資の習慣が、結果に直結する。

5、全集中して結果を出す

環境を整え、目標に向かって一点集中する。

例

練習場の近くに住む

生活習慣を徹底する（食事・睡眠・トレーニングなど）

6、失敗からの切り替え力

失敗を引きずらず、自分がコントロールできることに集中する。

ポイント

反省すべき点を分析し、即座に修正・切り替えを行う。
トップアスリートは、試合後すぐに次の改善策を考え行動に移す。

7、自分を客観視し価値を高める

自身の強みを理解し、セルフプロデュースを行う力。

これら7つの思考を取り入れることで、トップアスリートのようなブレない心と強いカラダを作り上げることができます。
スポーツだけでなく、ビジネスや日常の目標達成にも役立つため、ぜひ実践してみてください。

Column

薩川淳貴選手（J2 大分トリニータ）

夢の叶え方はない。これが僕の結論だ。じゃあなぜ小さい頃から夢に描いていたＪリーガーになることができたか。それはただ運が良かった。これに尽きる。もしかしたら運を引き寄せることも何かしらで可能かもしれない。ただ、周りに恵まれ色々な方々との出会いやタイミングがたまたま重なって成果に繋がった。ただそれだけだ。事実、大きな夢を抱き、色々なものを犠牲にし行動した。だけど自分より努力して、才能があったのに夢を叶えられなかった人をたくさん見てきた。夢を叶えるまでのプロセスや手段はいくらでもある。だけど叶え方というのは存在しない。そして夢を叶えれば幸せか。一概にそうとは言えない。僕が１番伝えたいことは夢は本当に素晴らしいものであるという事実はあるものの本当の幸せや豊かさは外側の世界にはなく、自分自身の内側にあるということ。

在り方、これが大事だということ。結果というものはコンロトールできない不確定要素が多すぎる。究極結果が出なくても納得できる在り方と行動を日々積み重ねていく。在り方があってこそ行動と結果が生まれる。そしていつか夢が叶う日がくるかもしれない。ただこの前提の中で結果はどうであってもこの在り方こそが人生というものの尊さ、美しさの象徴。人生の成功の定義はその人の中にしかない。それが物心がつく前からずっと思い描いていた夢を叶えながらもまだ挑戦の途中の自分に今ここに在るものだ。

4

実践マインドセット（実践編）

1　10年後のワクワクする未来作り

志と向き合う

この章では目標達成する為のマインドセット方法をワーク形式で紹介していきます。

プロスポーツ選手のように常に高いモチベーションで結果を出し続けるにはどうすれば良いか？

そう考えた時に向き合わないといけないのが、
以下の質問になります

あなたが、人生をかけて成し遂げたいものはなにか？

ここを明確にすることがとても大切です

だけど今更

『絶対プロ野球選手になって成功する』

と同じような目標設定など難しいと感じる人も多いのではないでしょうか？

またそのような方がこの本を手に取っていると考えた時に最初にやるべき行動は

『原点回帰』

です。

プロスポーツ選手がオフシーズンに地元や母校で野球教室やサッカー教室をしているのをテレビで見たこともあると思いますが、彼らも原点回帰をすることで自分の目標や人生の目的と向き合っているのです

そのきっかけをある人は

劣等感、承認欲求、反骨心

だったりするわけです。

過去の人生を振り返り原点回帰した上で、以下の質問と向き合って欲しいのです。

『あなたが人生をかけて成し遂げたいものはなにか？』

です。

より深掘りすると

『誰になんと言われても人生をかけて成し遂げたいものは何か？』

を、研ぎ澄ませることが出来れば出来るほど、ブレない状態で人生をコントロール出来るようになるのです。

その為の方法を紹介します。

それは「創造ワーク」です。

創造ワークとは？

10年後に自分がどうなっているか？

という理想の姿を創造するワークのことです。

10年後の人生の目的を明確にすることで行動が自然と決まってくるのです。

かといってなかなか浮かばない人の為に、は10年後の「**4つのM**」を意識すると良いでしょう。

４つのＭとはどういうことかというと
人生における大切なことは４つのＭに集約されるという考えです。
次のページで詳しく説明します。

4つのM理論

1、ミッション（Mission）　使命（志）

2、マネー（Money）　お金

3、メダル（Medal）　名誉

4、マスターマインド（Mastermind）　仲間

1、ミッション　Mission

10年後あなたはどんな使命（志をもって生きてるか？）で生きてますか？

2、マネー　Money

10年後あなたどれくらいのお金または資産がありますか？

3、メダル　Medal

10年後のあなたはどのような名誉を得ていますか？

4、マスターマインド　Mastermind

10年後のあなたはどんな仲間に囲まれていますか？

この4つのMを創造する時の秘訣は、
思わずニヤけてワクワクしちゃう脳の状態になることが大切なんです。

脳科学的にもワクワクすることをすると、生産性が向上することは、脳科学的にも言われています。

ワクワクすると脳内にドーパミンという神経伝達物質が分泌されると、思考力や決断力が向上すると言われているからです。

なのでワクワクすることを目的として創造することが大切になってきます。

逆に、この時の注意点としては、
現在の状況からイメージしないことです。

普通に生きていると、

現在→未来

という視点で考えてしまいがちですが、この思考に陥ると大きな夢を叶えることが出来なくなるのです。

それらを踏まえて10年後のなりたい自分と４つのMを書き出してみましょう。

10年後のあなたは、

どんな仲間がいて、どんな名誉をもち、どれだけの資産があり、どんな志を持って生きていますか？

次のページにしっかりと思い描いて書いてください。

10 年後の未来像を書き出そう！

※もし、それでもなかなか出てこない人は…、
４つのＭを得られなかった時のこと、または失った時の恐怖を思い浮かべてみましょう。

人が行動しない理由はなぜか分かりますか？

それは、

なんとかなっている

からなんです。

なんとかなっていると思うと現状維持機能が働き行動を止めてしまうのです。


恐怖はうまく使うと行動を導きます。


もちろん恐怖で行動することは今の時代よくない部分もありますが…。

自分がどうなりたいか？

という問いかけに答えを導き出せない時は利用するのも１つでしょう。

2 逆算カレンダーを作ろう

10年後のワクワクする未来作りを決めたら、実現する為の戦略を立てましょう。

登山も目的地を決めて現在地を知る。

その上でどう登るかを考えると思います。

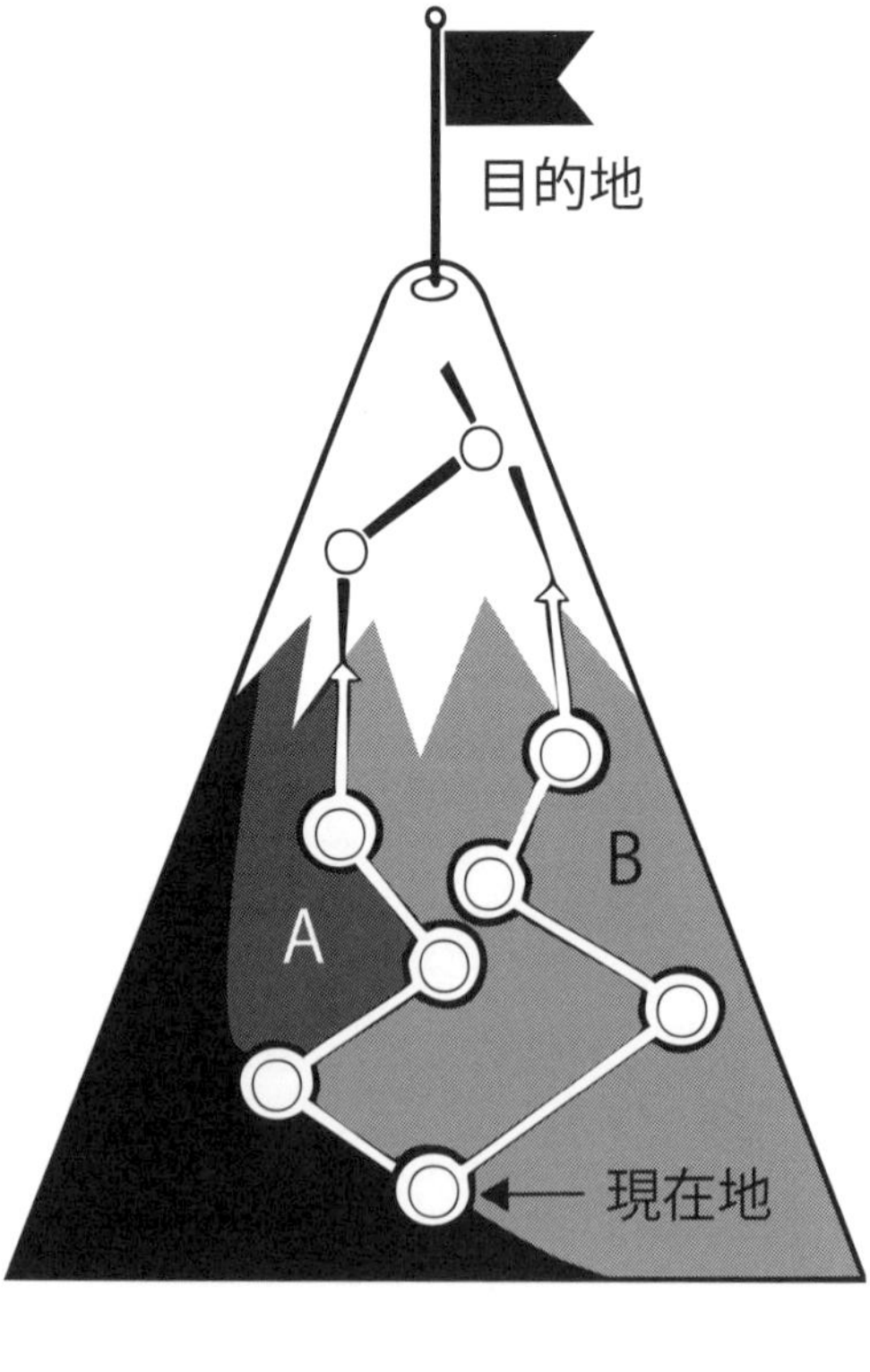

現在地を知ることはとても大切なのですが…。
多くの人は現在地にフォーカスし過ぎることによって夢が小さくなり、情熱の火が灯らずに目の前のタスクに追われて不公な人生をあゆんでしまうのです。

なので…
ここでは逆算カレンダーを作り、
未来からの目標設定を作っていきましょう。

順番としてはこうなります。

①10年後の未来を改めて書き出す
②その為に5年後にはどうなっているか？どうなっていないといけないかを書き出す
③5年後実現している為には3年後どうなっている必要があるかを書き出す
④3年後実現している為には1年後にどんなアクションをしてないといけないかを書き出す

⑤1年後の為に半年後は何をしてないといけないか？　を書き出す
⑥半年後の為に今、何を決断、アクションしないといけないか？　を書き出す

大切なのは未来から書いていくことです。

小学生の頃は現状のことを考えずに、

『プロ野球選手になりたい！』

とか堂々と言えましたよね？

あの感じです。


ちなみに私は単なる肥満児で腕立て伏せも出来ないのに、

『プロレスラーになりたい』

と語っていました笑。

まあ結果としてプロレスラーには慣れてませんが、プロレスラー目指して柔道始めてケガをして、柔道整復師になりプロレスラーを施術したりしてる訳ですから書くことで間接

的にではありますが夢を叶えていたりするから不思議です。

あなたがこの本を手に取ったのは何かしらの現状を変えたいのではないでしょうか？

それなら小学生の頃の自由な発想で逆算カレンダーを完成させてみて下さい。

書くことで人生は本当に変わります。

書くことで記録され、記録は記憶を引き出します。

記憶は潜在意識に働きかけて、目標を引き寄せます。

ワクワクする未来は携帯の待ち受け画面に、

逆算カレンダーはトイレや机の前など見える所に貼っておくと良いでしょう。

逆算カレンダーは目標設定です。

これはまず、うまくいっている姿を浮かべることが大事です。

自分がうまくいっている絵を抽象的に想像して、周りの人がどういう表情をしているとかなどを頭に浮かべます。

私の場合ですが、高校生の頃からトレーナーになったらこうしたいという未来を想像していました。

私が治療をしている姿がテレビや雑誌などに取り上げられ、その姿を誰かが見て高子は本当にトレーナーになったんだなと言われる未来を描いていました。

こういう想像をがっちりではなくふわっとしたものでも良いので思い描いてください。

周りにいる人の感情も忘れずに考えてください。

人間は自分のためだけで頑張れる人と、自分のためだけでは頑張れない人がいると思います。

絵を明確に浮かべられる人であればあるほど、実現する可能性が高いと思います。

次ページに、実際に思い描いていただくために設問を用意しました。

心を落ち着かせてゆっくりと頭で自分の成功している未来を描いて答えてください。

明確であればあるほどいいです。

逆算数カレンダー

【10年後から書き出そう】

	なりたい人間性	仕事	資産	肩書きステイタス	趣味	住んでいる所	世の中に与えたい影響
10年後							
5年後							
3年後							
1年後							
半年後							

どうでしょうか？

自分の思い描く未来をしっかり書けましたか？

こうやってただ頭で漠然と想像していたことを文字にすることでより明確になったと思います。

もちろんただ書くだけだと、身に入らない受験勉強と同じですので、しっかり実現してくようにがんばりましょう。

次のページからは、さらに明るい未来のためになる方法を紹介します。

3 あなたの夢を叶えた人を徹底してマネしよう

逆算カレンダーの項目のところでいろいろと思い描いて書かれたことだと思います。

それが3年後なのか5年後なのかはたまた1年度なのか。

人それぞれだと思いますが、ここで明確に3年後というのはありません。

未来へのカレンダーを考えることが重要で、明るい未来へ向けて一歩一歩階段を昇っていきましょう。

いろんな人のアドバイスは正直いらないと思います。

なぜかというと、多くは背中を押してくれる存在だと思いますが、中にドリームキラーと呼ばれる人たちがいるからです。公務員の親に、起業したいと話したところで止めておきなさいと言われるのと一緒です。もちろん親心は十分にあると思います。

本当に大丈夫なのか。地に足をつけて働いて欲しいという気持ちは分かります。

やっぱり夢を叶えたい人は、
実際に上手くいっている人に話を聞くのが一番いい

成功した人に話を聞くと最初は居心地が悪いと思います。

なぜなら自分の足りないものが嫌というほど分かるからです。

自分はこうなりたいんだという強い気持ちを持っていると逆算してこの夢を叶えるためには、この人に教わらないといけないと考えることになるでしょう。

だけど、そもそも自分の器が見合っていないために演じる必要性が出ていきます。

大きく見せろという意味ではないのでそこは勘違いしないでくださいね。

結果、自分より上の人の言動や考え方をマネをすることで夢が叶いやすくなります。

オリジナリティーは大事ですが、最初は成功者のマネから始めましょう。

それが一番簡単な近道です。


次のページには、あなたが成功者の真似をするために必要な項目を用意しましたので、考えて書き込んでください。

あくまでも想像となりますので、自分の夢を実際に叶える人は誰か？

夢を叶えた場面で近くにいる仲間は誰かなど、成功した未来を思い描いて記入してください。

アナタの夢を叶えた人はどんな人？

アナタの夢を叶えた人は？

どんなミッションを持っている？

どんな仲間がいる？

どんな挑戦をしましたか？

どんな挫折をしていましたか？

どうやって乗り越えていましたか？

どんな人を尊敬していましたか？

どんな口グセをしていますか？

どんなものを大切にしていますか？
（コト）

どうでしょうか？
すんなりと出てきた人もいれば、なかなか思い当たらない人もいたと思います。
でもそれでいいんです。
思い描けない項目はこれから近い将来現れる可能性は十分にあります。
未来思考で歩んでいきましょう。

4 未来のために必要な知識と経験に投資使用

未来の為に投資できる手段は何か？

を考える基本として、

『お金か時間』

どちらかを選択しないといけません。このどちらかを投資出来ないのであればリターン得ることは難しいのです。

逆算カレンダーから気づいた必要な知識、経験、技術、人脈などを書き出してみよう。

必要な知識は何？

必要な経験は何？

必要な技術または資格は何？

必要な人脈は何？

なかなか出てこない時には10年後のワクワクする未来を強く思い直すことが大切です。
そのワクワクする未来の為に必要なことを強く自分に問いかけて下さい。

何に投資をするか？

という選択は本当に大切です。

『努力は嘘をつかない』という言葉はありますが、実際は、

『努力の選択を間違わなければ嘘をつかない』

が真実です。

じっくりと考え、時にブレてきたら

『未来の為に何に投資するか？』

に原点回帰してください。

そしてもう一つ投資の世界では複利という考えがあります。

※複利とは…本来は利子のことで、元金に利子が付いた場合、その利子分をそのまま元金に組み入れることで、元金と組み入れた利子ともに利子が付き、次第に利子が増えていくこと。

人生においても投資を続けているとある日突然、複利の瞬間に出会うことがあります。

ちょっとした過去の同じ経験により意気投合して仲間が出来たり、自分の知識が相手の役に立つことでビジネスパートナーになったり…。

本当に素晴らしいことが起きます。


人生における複利を得る為にも自己投資の部分は大切にしてください。

ハイリターンを得る為に
あなたは時間とお金をどこにどれだけ投資出来ますか？

出る杭は打たれると言われますが、出過ぎた杭は打たれません。

何かを言われたからと言ってすぐにシュンとするのではなく、言われるということは自分が何か足りないと思ってより練習なりを頑張ることが必要です。

それが未来のための必要なものなのです。

そこで自分の殻を破ることができれば一気に上の次元に行くことができます。何ことも経験です。

キックボクシングで無敗を誇り、ボクシングに転向した那須川天心選手も転向直後は『ボクシングを、舐めるな』と、一部のボクシングファンから叩かれました。

しかし、常識を超えた努力を続けた結果、元世界王者を破るなどして周りのアンチの声を徐々に打ち消しています。

『叩かれだしたら飛び抜けてきた証拠』

そんな心構えでこそ出過ぎだ杭になるのかも知れません。

そもそも人間は防衛本能が強い為、何かを言われたらその些細な言葉がずっと気になり失敗を恐れるようになってしまいます。

失敗を恐れるなではありませんが、言われてネガティブ思考になるのではなく跳ね除ける力をつけることが大事なのです。

社会で成功するには失敗を恐れてはいけません。

人間は失敗しない人はいないのです。失敗をしても立ち上がっていける人が成功する仕組みになっています。

元メジャーリーガーの松坂大輔氏の話をしましょう。

日本プロ野球の西武ライオンズで圧倒的な成績でアメリカに渡り成功を収めた後、日本に戻りソフトバンクホークスに入団しました。

しかし、そこでは望まれた圧倒的な成績を挙げることはできず、中日ドラゴンズへ移籍となりました。

年棒も一気に下がりましたが、松坂氏はそこで6勝を挙げカムバック賞を受賞しました。

ソフトバンクホークスを離れる際には、ファンからは心無い声もあったと聞きます。

それでも自分の可能性を信じて野球を続けたことが、復活という形になりました。

5 「行動しないことで失う恐怖」と「行動することで得られる望み」に全集中

10年後のワクワクする未来作りで触れましたが、コーチングの権威、アンソニーロビンズのセミナーでも行うワークでの人が行動しない理由の第一位は、

『今の所、行動を起こさなくても、なんとかなっている』

という思い込みがあるからだそうです。

実際は不安にフタを閉じて見ないようにしている人が大半です。

それを愚痴でガス抜きしてるだけに過ぎません。

この本をお読みのあなたは、それに気づいたからこの本を手に取ったことでしょうから行動を起こすためのヒントをお伝えします。

それはまず、**行動しないことで起こる恐怖を脳に伝えることです。**

『なんとかなる』という思いこみを『なんとかならない』という風に認識させることで

行動を強制的に促すのです。

今の現状のまま、5年、10年経つと起こりうる恐怖をより深い想像で書き出して下さい。

例えば、

『このままの収入では結婚も出来ないし、友達と旅行にも行けずに相手にされなくなる…会社でも部下に追い越され鼻で笑われてバカにされる毎日…』とか出てきにくい場合は

抽象的でもよいので、

『このままでは誰からも見放されてしまう…』という孤独感や疎外感という恐怖を感じて書き出してみましょう。

今、書き出してみると異常な恐怖を感じているのではないでしょうか？

その上で、行動することで得られる望みについて書き出してみましょう。

人間が行動しない理由、出来ない理由は『なんとかなってしまっているから』です。

だから行動しないで失うことを書き出した上で、行動する理由を明確にしていくことが大切なのです。

恐怖を踏まえて行動することで得られる望みは何ですか？

この時は最高にハッピーな恍惚感に浸るような感じが良いでしょう。

この二つの感情をうまく落とし込んでいくと全集中モードになるのではないでしょうか？　10年後の未来の為に私は今○○に全集中すると書き出してみましょう。書くことで潜在意識にスイッチが入ることでしょう。

ちなみにアスリートは全集中する為に犠牲にするものを決めています。
例えば最高の結果の為にアルコールや友達と遊ぶ時間などを犠牲にしています。

『あなたが目標達成の為に犠牲に出来るものは何？』

そんな問いかけも大切ですね。

昨今のＳＮＳ社会は失敗を叩くことが当たり前になっていますが、叩かれることが次のステージにいけるチャンスということに気づいていましたか？

元来叩くというのは妬みやひがみが大半です。ここを逆に捉えると、大勢の中から抜けていく才能があるから叩かれるということに繋がります。
上にいこうとすると普通の才能の持ち主は置いていかれるのが嫌なので足を引っ張ろうとします。
例えば少し足が速いだけだと色々とひがんでいきますが、「飛び抜けて足が速くなると「お前足が速いな」と認められます。

このステージに登るために努力をするのです。

馬鹿にされ出してからこそがチャンスなんです。

挑戦すらしていないのがダメなのです。

元巨人軍の矢貫氏は大学2年生まで補欠でした。その際彼は、プロに行く実力のある選手の真似を自発的に徹底的にしていました。そうするとそのレギュラー選手にアドバイスをもらったそうです。「行動する」ということの大事さが分かるエピソードですよね。人に言われてやるのではなく、自ら頭で考え行動することこそが大事なのです。

世の中には二つのタイプがあります。

それは、

『失敗はしないけど、成功もしない人』

と、

『失敗はするけど乗り越えて成功する人』

です。

『あなたはどちらになりたいですか？』

シンプルに失敗しても挑戦し続けてきた人が成功しているだけなのです。失敗を必要以上に恐れないことが大切なのです。

今は叩かれて立ち上がってきた人が評価される時代です。

確かに誰も失敗はしたくはありません

だけど挑戦しなければ失敗はしないですが成功もしないのが現実なのです。

今、専門学校の授業をやっているのですが、

「知ってる、分かる、できない人が多い」と思います。

本当に知っているのか？　分かっているのか？　知っている、分かるというので実際にやらせてみるとできない。

知らないことが恥ずかしいのか、小さなプライドなのか、いい格好を見せたいのか分かりませんが、分からないというのを認められない生徒が多いです。

その時私は言うんです。「**人に教えて伝わってこそ本物**」なのです。

知ってる分かるというだけだから行動ができない。そこで一歩踏み出して行動をすることが大事なのです。

「どうせだめだ」ではなく「やってみる」。これがチャンスを掴むことになるのです。

6 切り替え力を磨く「ツイテル」

ポジティブシンキング。これが成功の鍵になるのです。このポジティブシンキングを生かすも殺すも自身の思考になります。いつまでもひきづるタイプなのか、さっさと次へ進むタイプなのか、あなたはどちらですか?

多くのアスリートや成功しているビジネスマンと関わっていると切り替え力が半端なく早いことに気付かされます。

小学生の頃からサポートしムエタイの世界チャンピオンに何度も輝いている奥脇竜哉選手に、

『今までの一番の挫折は?』と

質問して返ってきた答えは

『ありません』

『挫折がよく分かりません笑』

と回答されてしまいました。

つまり**挫折を挫折とは考えず、課題と考えすぐに切り替えて次の日から練習に取り組む**というのです。

また、リトアニアをはじめ海外を転戦する櫻井功大選手も、『自分がコントロールできることに対しては反省するが、コントロール出来ないことはあまり気にせずに切り替えるようにしている』と言います。

いつまでも引きずったりせずに、上手くポジティブに逃げていることも忘れてはいけません。

自信を持ってやった結果、コントロールできないのはもうしょうがないっていうことと割り切りましょうと言うことです。

考えすぎてしまうと、ゴルフのイップスのように手が動かなくなってしまうこともあります。

「人間は考える葦《あし》である」

とフランスの哲学者ブレーズ・パスカルは言いました。色々降りかかってくる悩みにどう対処すればいいか考えることが出来るのが人間の偉大さが分かるということだが、ことビジネスやプロスポーツにおいてはそうとも限りません。

むしろ考えすぎることは間違いなくマイナスになるでしょう。

野球の投手が強打者を迎え、いい球を投げて打たれたら仕方がないと開き直って投げた方が好結果を導くことが多いのも事実です。

この時打たれてしまった場合は、最高の球を投げた。

その球が打たれたら打った打者がすごかったということ。

そこは違う球種が良かったかなと悩むなということです。

他の選手達もそうなのですが、共通するのは自分がコントロール出来る反省すべき所は反省して、さっさと切り替えるということです。

『引きずる時間が一番の無駄』

アスリートの場合は試合間隔も短いこともあり、

と考えているのです。自分の力でどうしようも出来ない事象の時に悩むほど無駄なものはないということですね。意味がないんです。

アスリートのようにうまく切り替えが出来ない人の為に、誰でも出来る切り替え力を磨くシンプルな方法が実はあります。

それはツイテル思考です

死ぬこと以外かすり傷という言葉もありますが、様々なネガティブな状況になった時でも考える前に、『ツイテル』と呟く習慣をつけるのです。

人は自分の言ったことと、自分の行動は一致させたいという言行を一致させる心理が働くといいます。それをうまく活用するのです。

どんなネガティブな状況でも、

『ツイテル‼』

まず考える前に呟くのです。

そうすると言葉に対して帳尻を合わせるように思考自体が変わっていくのです。

例えば

突然の雨が降ってきても…

ツイテル！　近くにコンビニがあって良かった。

上司にミスで怒られた。

ツイテル！　大事になる前に早めにミスを指摘して貰えた。

なんとなく分かりますよね。

ツイテル思考＝心の筋トレ

ツイテル思考とはつまり心の筋トレなのです。

筋トレも1～2回トレーニングしただけでは筋肉がつかないように、心の筋トレも継続が大切ですし、少しずつ負荷をかけていく必要があります。

毎日コツコツと日頃の出来事の中で練習していきましょう。

Q、最近あった少し嫌なことは？

ツイテル!!

なんで？

だからツイテル

Q、最近あった結構辛い経験は？

ツイテル

なんで！

人間は誰しも失敗します。当たり前のことです。

人生で一度たりとも失敗をしたことのない人はいないでしょう。失敗することで大きく成長します。

失敗を毎回強く反省してしまうと、成長するタイミングが少しづつ遅くなります。本当に無駄です。

失敗したからとブツブツ呟いていませんか？　その瞬間から変えていかないといけません。

意識を変えないとネガティブなことを全て受け止めてしまう癖がついてしまいます。マイナスを考えるとマイナスをまた生み出します。ポジティブにいきましょう。

反省はしても後悔はするな

7 自分の強みと弱みを徹底的して知ろう

自分を客観視できる人をセルフプロデュース能力が高いと言えます。スポーツ業界でさえもセルフプロデュース能力で収入に何倍もの差がありますよね？

その為には自分の強みと弱みを知る必要があります。

まず自分だけが持っている強みを自由な視点で5個書き出してみてください。

例）サッカーが得意、友達が多い等

次に自分の弱みを5個書き出してみてください。

強みだけ5個書けた人
弱みだけ5個書けた人
どちらもなかなか書けない人

時間をかけて5個書き出した人も入れば、スラスラと出てきた人もいるでしょう。これにより普段から自分のことをどれだけ客観視出来ているかが分かると思います。

もし自分で書けなければ、周りの人に聞いてみて書き出してみてください。思いもよらない自分を知ることが出来るかもしれません。

周りの人にも書いて貰うことが出来れば、より自分というものを知ることが可能だと思います。

ジョハリの窓（下図）という考え方があります。

これは４つの窓があって

「自分しか知らない自分」

「自分は知っているけど他人が知らない自分」

「自分は知らないけど他人が知っている自分」

「自分も他人も知らない自分」

になります。

これを考えることで、自分の強みと弱みが何か、今まで知らなかった自分の強み、弱みを知ることが出来ます。

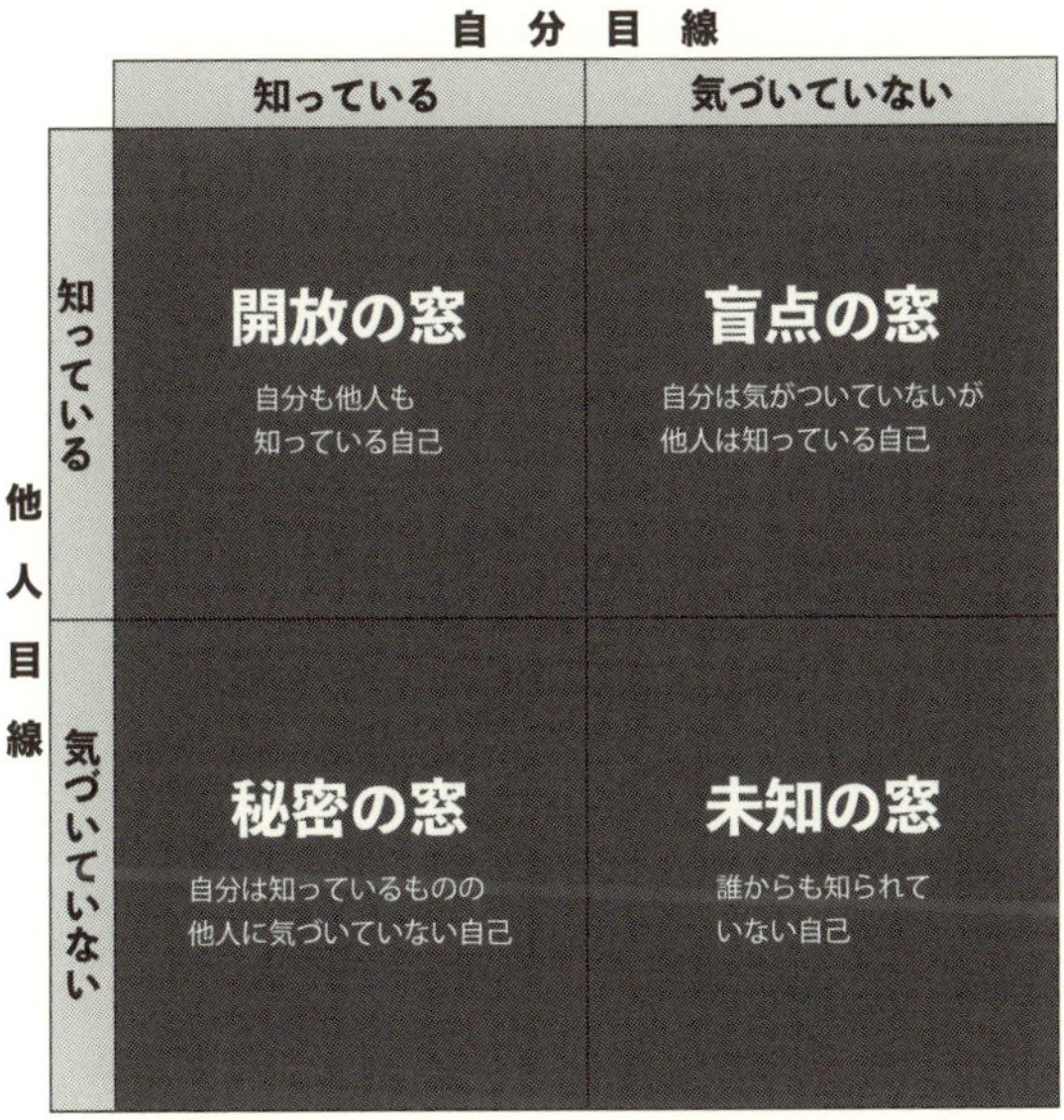

ぜひ、自分の強み、弱みを書き出し、そのあとに周りにいる人に聞いてみましょう。書き出してみるとどうでしょうか？　自分というものが少し見えてくるのではないでしょうか？

自分で書いた自分を周りの人に見てもらいましたか？　自分では気づかない、分かっていない部分が見えてきたと思います。自分が思っていたことと周りの人が見ていた自分の違いに驚くことがあるかもしれません。でもその気づきが重要なのです。

それが強みになり、弱みになります。

強みはより生かしていくことで未来がより開けていくことになるでしょうし、弱いところが分かれば、それを克服することで、未来が開けていきます。

アスリートであれビジネスマンであれ社会的により評価を得たい場合は自分だけの独自の強みをもつ必要があります。

これを**USP**（ユニークセリングプロポジション）といいます。

※ユニークセリングポジションとは…他のものとの差別化が出来る要因となる独自の価値を表すもの。他よりも優れて特徴などのこと。

自分だけの独自の強みなんてないけど…と思う方いるかも知れませんが。

自分だけの独自の強みは掛け算で作られるのです。

例

横浜ＤｅＮＡベイスターズ・東克樹投手
左利き×制球力×メンタル

ムエタイチャンピオン・奥脇竜哉氏
ローキック×スタミナ×異常な負けず嫌い

元巨人・矢貫俊之氏
長身×いつでも投げれる対応力×１５０キロ×反骨心

のように独自の強みは掛け算を増やすことで、才能やセンスがなくても独自の強みを打ち出せるのです。
あなたの独自の強みは何ですか？　書き出してみましょう。

私の強みは

□×□×□

です！

5

ブレない
心と身体の鍛え方

成果を出し続けるビジネスパーソンは、心も身体もブレない強さを持っています。ビジネスシーンにしろスポーツシーンにしろ、相手に心の中を見られる（読み取られる）と時としてマイナスになることが多いです。

少しでも有利に事が運ぶには事前の準備がとても重要です。あらかじめ頭の中でいろんなシーンを想像していざその場面になった際に、緊張して焦って失敗することは誰しにもあることです。そうならないために日頃からできる簡単な方法をお教えしたいと思います。

本章では、トップアスリートも実践する「ブレない心と身体を整えるメソッド」を紹介します。

これらを習慣化することで、ビジネスのパフォーマンスを向上させ、自信に満ちた姿勢や思考を手に入れることができます。

１　逆境でも動じない！最強メンタルを鍛える「丹田呼吸」

どんなに忙しくても、焦らず冷静に判断できる人は信頼を得ます。

その秘訣は「呼吸」にあります。その中でも多くの武道家や東克樹投手も実践するブレない心と身体の最強メソッドが「丹田呼吸」になります。

「丹田呼吸」とは、下腹部（下丹田）を意識しながら深く息を吸い、ゆっくり吐く呼吸法です。丹田呼吸を行うと

脳（Ｂｒａｉｎ）
呼吸（Ｂｒｅａｔｈ）
筋肉（Ｍｕｓｃｌｅ）

の３つの回路が繋がることで軸が出来るイメージです。

この呼吸を習慣にすると、セロトニンの分泌が促され、ストレスに強い精神状態を維持できます。

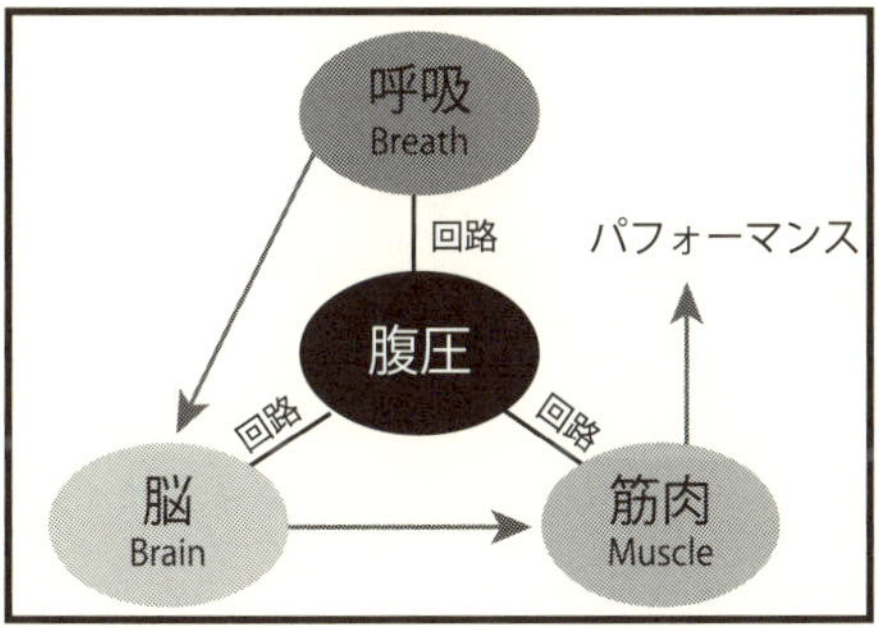

また、体幹が安定し、姿勢も整うため、自然と堂々とした振る舞いが身につきます。

「3秒で吸って、10秒で吐く」このリズムを意識しながら行いましょう。

さらに、より効果を高めるためには、次の7つのポイントを順番に押さえながら行うと良いでしょう。

古い武術の鍛錬法がもとになった呼吸法。丹田呼吸をするだけで、へその下にある丹田（たんでん）が活性化し、体の軸がしっかりしてきます。乱れた自律神経を整えたり、足の浮腫を改善する効果も期待でにます。腰痛などで布団から身を起こすのがつらい人にも効果的です。

【内容】

7箇所のお腹のポイントを押しながら行う腹式呼吸になります。

1. あお向けに寝て、両ひざを立てます。

ひざを立てるのは、お腹周りを少しゆるめて呼吸しやすくするためです。

※この時、両手をお腹に当てお腹の動きを感じましょう。

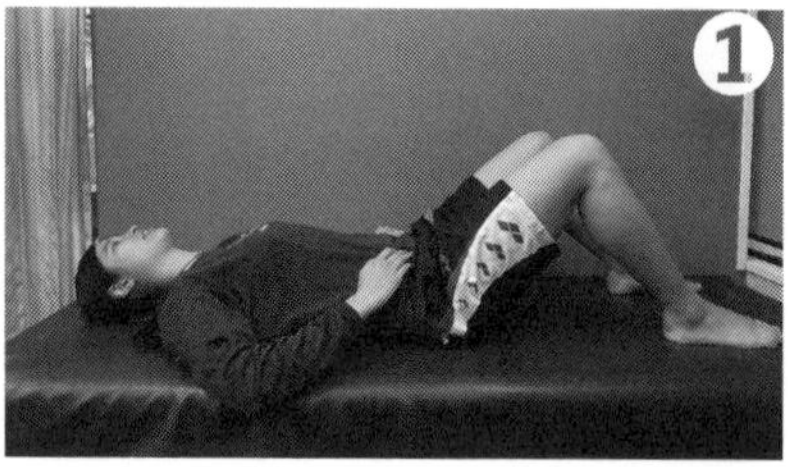

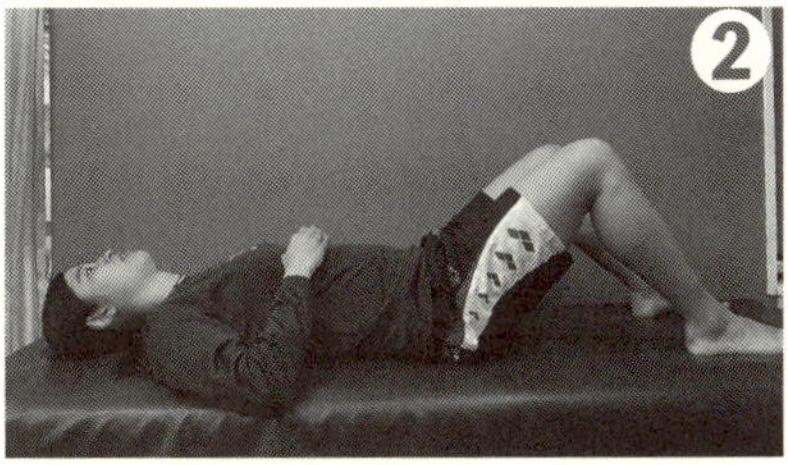

2．息を吸ってお腹を風船のように膨らませます。

3秒間かけて鼻から息を一気にスーッと吸ってお腹を膨らませて下さい。

このとき、胸で吸う胸式呼吸はできる限り行わず、お腹の中の風船をフゥーッと大きく膨らますようなイメージでお腹に空気をしっかり入れましょう。

3．風船の空気が抜けるようにゆっくり息を吐きます。

腹圧がグーッと高まるのを感じたら、今度は約10秒間かけて鼻もしくは口から細く長くゆっくりと息を吐いてください。

息を強く吐いてしまいがちですが、膨らませたお腹の風船の空気がシューッと自然に抜けていくようなイメージで行います。

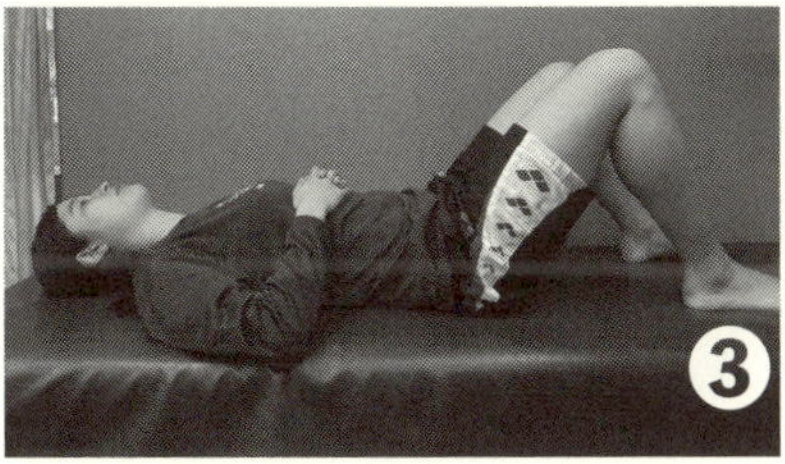

4、左の順番でやります。

①みぞおち
②おへそ
③おへその下
④右下腹部
⑤右上腹部
⑥左上腹部
⑦左下腹部を

丹田呼吸の方法を
下の動画で詳しく紹介

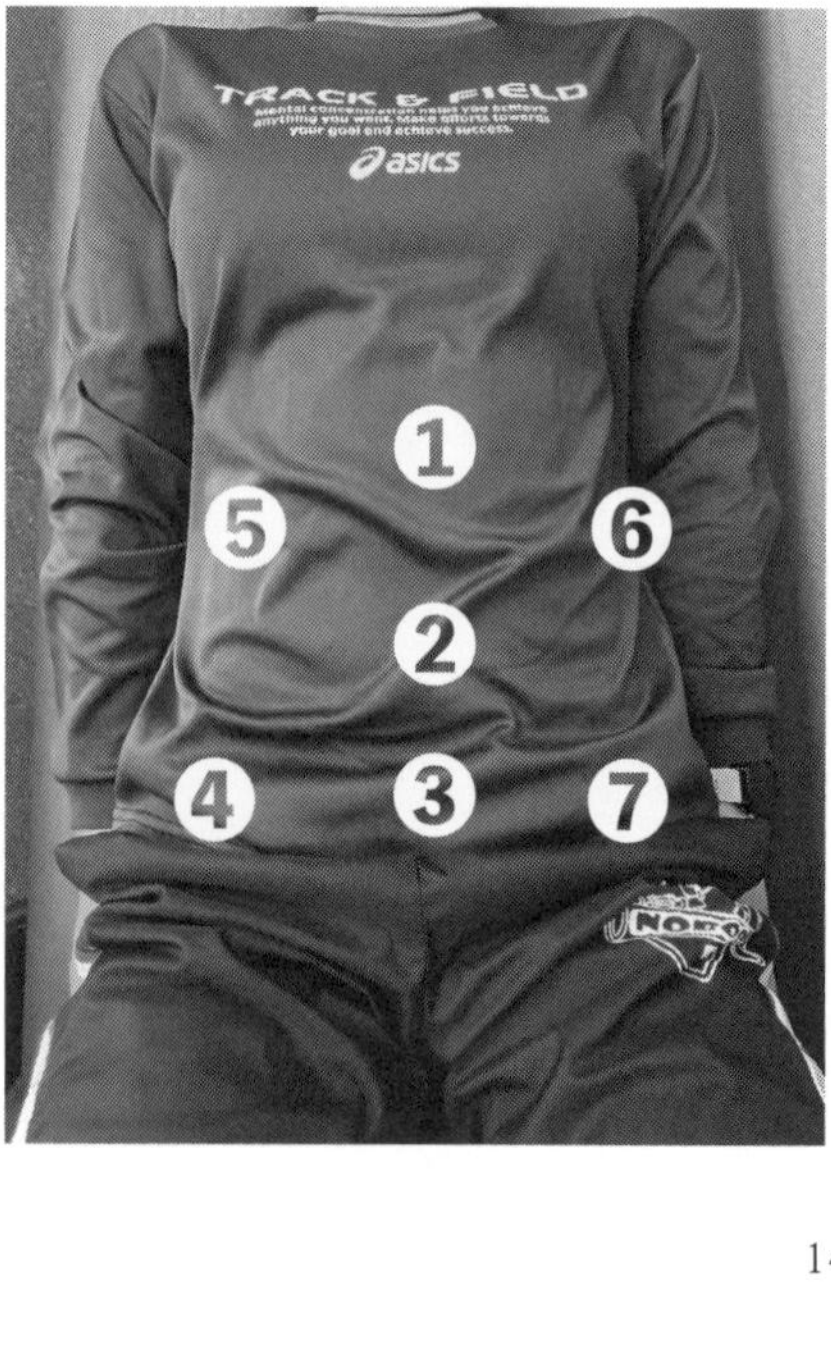

「の」の字を書くように軽く押しながら行うと、腸の流れが良くなり、身体の中心が整うのを感じることができます。

これを3～5往復（21～35回前後の腹式呼吸）行うことで、深いリラックスと集中力を手に入れましょう。

2　デキる男・デキる女は姿勢で決まる！「キラキラ体操」

第一印象は3秒で決まると言われています。

その中で大きな影響を与えるのが「姿勢」です。

「キラキラ体操」は、肩甲骨を大きく動かし、正しい姿勢をキープするためのエクササイズです。

肩や胸を開くことで、呼吸が深くなり、見た目にも自信に満ちた印象を与えます。

デスクワークが多い人ほど、姿勢が崩れやすくなります。

毎日1分、この体操を取り入れることで、疲れにくく、エネルギッシュな身体を手に入れましょう。

次のページからキラキラ体操のやり方を詳しく紹介します。

キラキラ体操のやり方

①両足を揃えて気をつけの姿勢をとります。
この時、手のひらを前にして、
解剖学的肢位と言われれる姿勢をとります。

キラキラ体操のやり方
下の動画で詳しく紹介

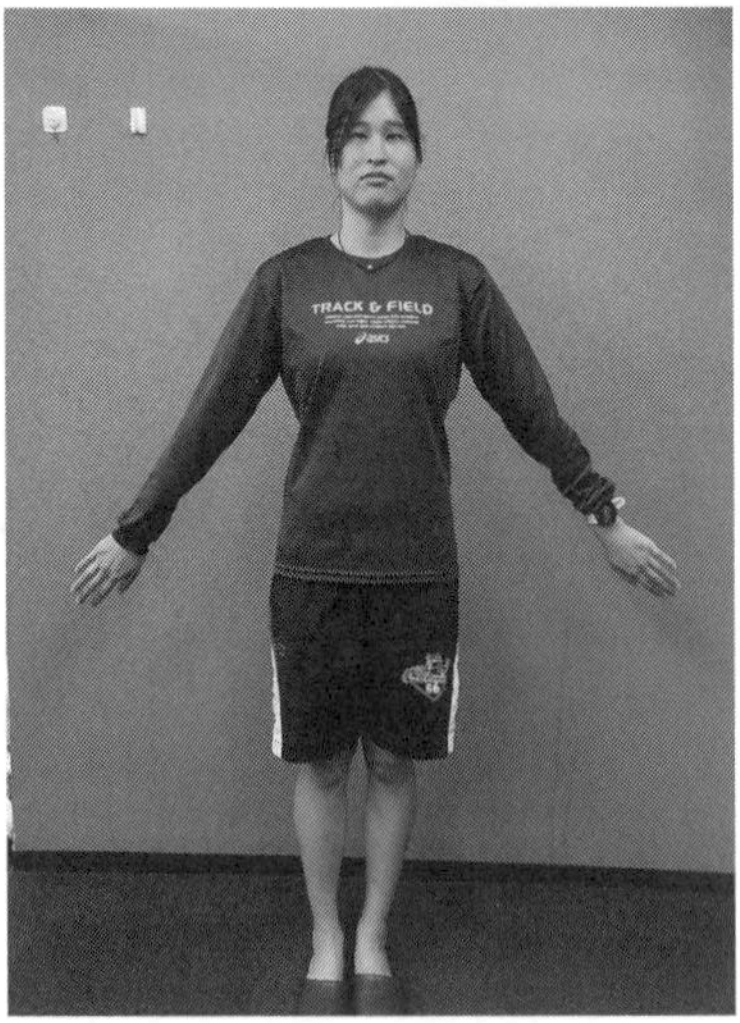

②手のひらを内側、外側と開いて閉じてを繰り返しながら、頭上まで腕を上げていきます。

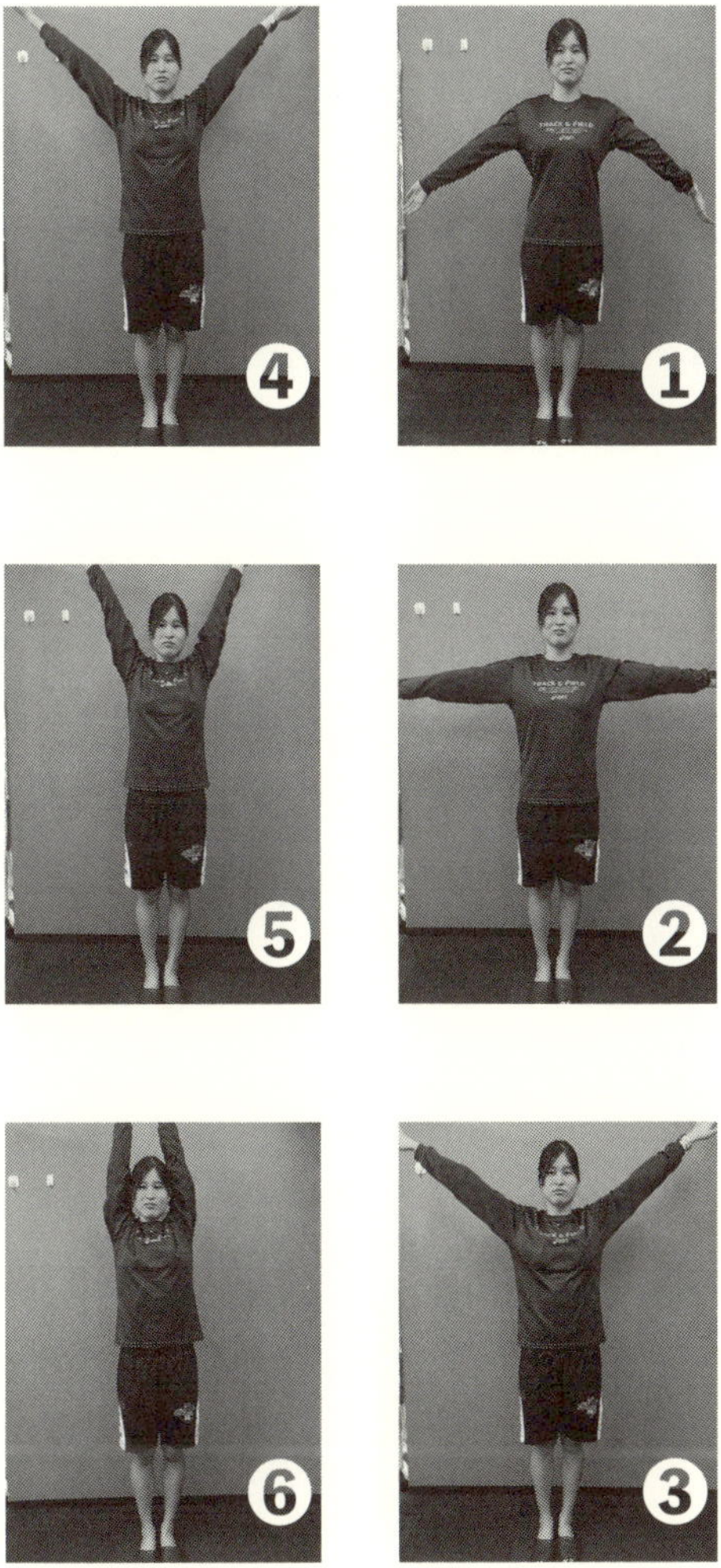

③頭上から同じ軌道で元の位置まで戻していきます。
3～5往復繰り返すと姿勢が良くなるのを感じられると思います。

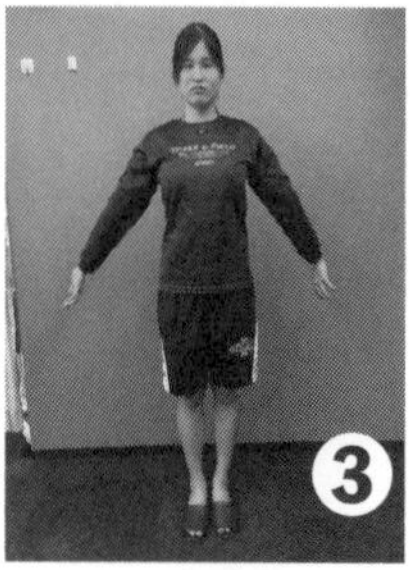

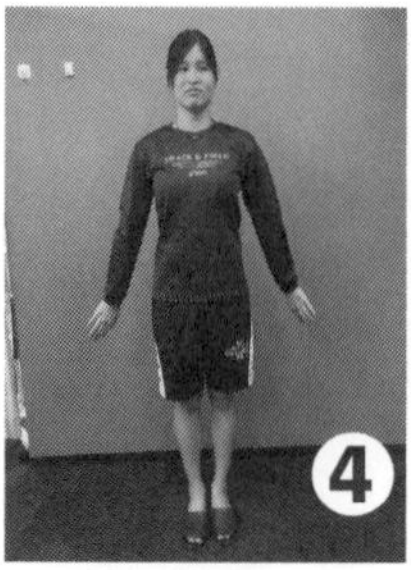

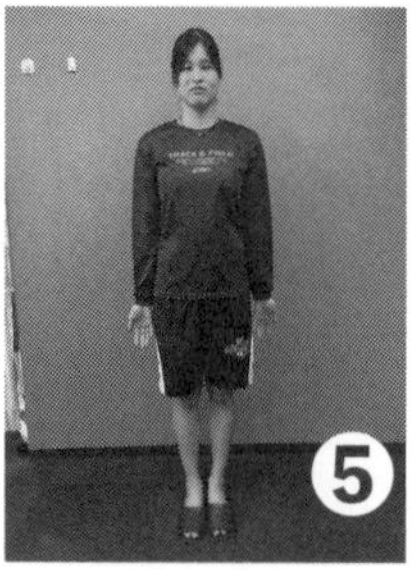

④動き全体で身体を開くことを意識すると良いでしょう。

Column

柴田華選手（杭州アジア大会近代５種女子団体銀メダリスト）

夢を叶えるために大切なのは、「日々の積み重ね」と「努力」。

一歩ずつ前に進み続けることが、確実に夢へと近づく方法だと私は思います。

なぜアジア大会で銀メダルを獲得できたのか？　それは、まず競技を楽しむことができたから。勝つことが楽しい。だからこそ、勝つために強くなりたい。その繰り返しの中で、自然と努力が積み重なっていきました。

そして、もうひとつ大きかったのは、応援してくれる人の存在です。自分のためだけでなく、「誰かのために勝ちたい」という気持ちがあったからこそ、どんなに苦しい時でも諦めずに前を向くことができました。

しかし、挫折もありました。アジア大会でオリンピックの出場権を獲得できなかったことは、今までで一番悔しい経験です。でも、それを乗り越えるために、もう一度初心にかえり、「楽しむこと」を思い出しました。どんなに結果を求めても、競技が楽しくなければ続けられません。だからこそ、私はこれからも競技を楽しみ、成長し続けていきたいと思います。

【同世代へのメッセージ】目標が見つからずに悩むこともあると思います。でも、毎日を頑張って生きているだけでも、それはすごいこと。焦らず、日々の中で「やりたいこと」を探し続けてみてください。きっと、その先に目標が見つかるはずです。

3 しなやかさは成功の鍵！美しい佇まいを作る「壁リセット体操」

仕事ができる人ほど、姿勢や所作が洗練されています。

逆に、猫背や前かがみの姿勢は、消極的な印象を与え、疲労や肩こりの原因にもなります。

「壁リセット体操」は、背骨の柔軟性を高め、胸を開くことで、堂々とした佇まいを作るストレッチです。

背中を丸める時間が長いほど、体も気持ちも縮こまってしまいます。

デスクワークが長時間続いたらこれでリセットしましょう。

この体操を習慣化することで、姿勢の美しさだけでなく、心の余裕も手に入れることができます。

【壁リセット体操】

①体の正面を壁に向け、壁から30センチほど離れて立つ。

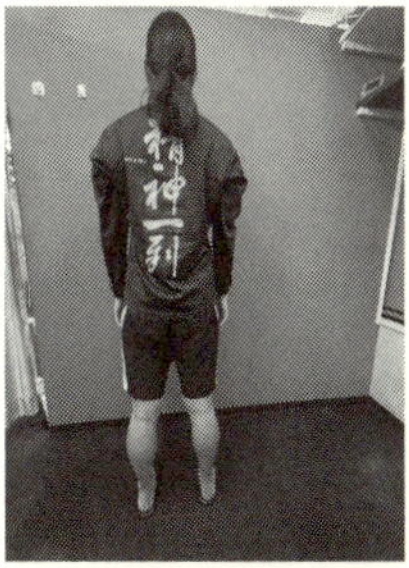

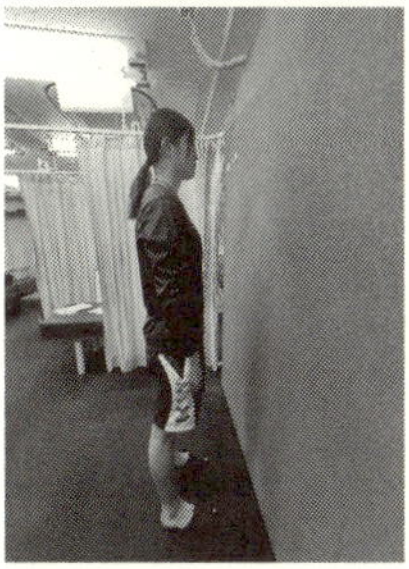

②足を肩幅に開き、腕を真っすぐ上げて手を壁につける。

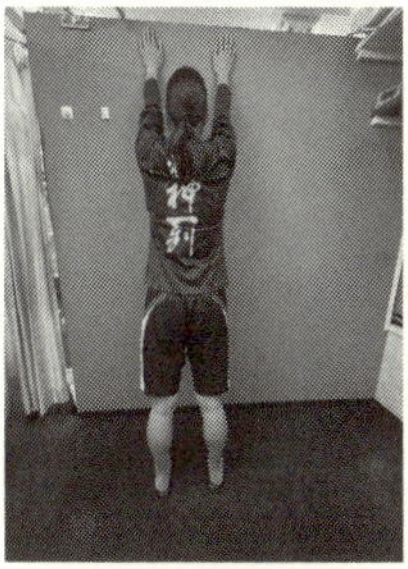

壁リセット体操のやり方
下の動画で詳しく紹介

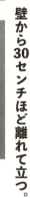

③壁につける。背中から腰にかけての伸びを感じながら30秒キープ。お尻は高い位置に保つ

④余裕のある方は「おでこ又はあご」をつけるとより胸椎が伸ばされて姿勢が改善されます。

背中をグーッと反らすことで、丸まった胸椎が伸び、動きやすくなる。

胸椎の柔軟性が高まると胸が開き、体幹が使いやすくなるほか、肺が広がりやすくなり、呼吸が深くなるというメリットもあります。

4 堂々とした存在感を手に入れる！「スーパーマン体操」

ビジネスでも、スポーツでも、大事な場面で自信を持って挑めるかどうかは結果を左右します。

そんな時こそ、「スーパーマン体操」を試してください。

実は、心理学的にもスーパーマン体操のような「パワーポーズ」をとることで、脳内のホルモンバランスが変化し、ストレスが減り、自己肯定感が高まることが証明されています。

ハーバード大学の研究によると、このポーズを2分間取るだけで、脳内ホルモンが劇的に変化することが証明されています。

○　自信を高めるホルモン「テストステロン」が平均20％アップ

○　ストレスホルモン「コルチゾール」が平均25％ダウン

つまり、やる気・集中力・判断力が向上し、プレッシャーにも強くなるのです。逆に、猫背でうつむいていると…

× テストステロンが10%ダウン → 自信喪失
× コルチゾールが15%アップ → ストレス増大

たった2分間で、心と体のコンディションが変わることが分かっています。

スーパーマン体操のやり方（**2分間**）

1、背筋をしっかり伸ばす。
2、両足を肩幅より少し広めに開いて立つ。
3、胸を張り、両手を腰に当てる。
4、堂々とした姿勢のまま2分間キープする。
5、気持ちが前向きになり、自信が湧いてくるのを感じる。

この体操を取り入れるだけで、大事な場面でも堂々と振る舞えるようになります。
緊張する場面の前に、ぜひスーパーマンのように立ち、自信とエネルギーをチャージしてください！

スーパーマン体操のやり方
下の動画で詳しく紹介

5 表情は最強のコミュニケーションツール！心をつかむ「あいうえお体操」

人は「表情」で相手の印象を決めます。

営業や接客、プレゼンなど、どんなビジネスシーンでも表情が豊かな人は相手を惹きつけます。

「あいうえお体操」は、口の周りの筋肉をしっかり動かし、表情を豊かにするトレーニングです。

【やり方】

大きく口を開けて

「あ・い・う・え・お」と発声する。

そうすることで、顔の筋肉を活性化させます。

表情筋トレーニングのやり方
下の動画で詳しく紹介

顔の表情が豊かになると、自然と笑顔が増え、周囲の人とのコミュニケーションが円滑になります。

「この人と話していると楽しい！」と思わせる表情を手に入れましょう。

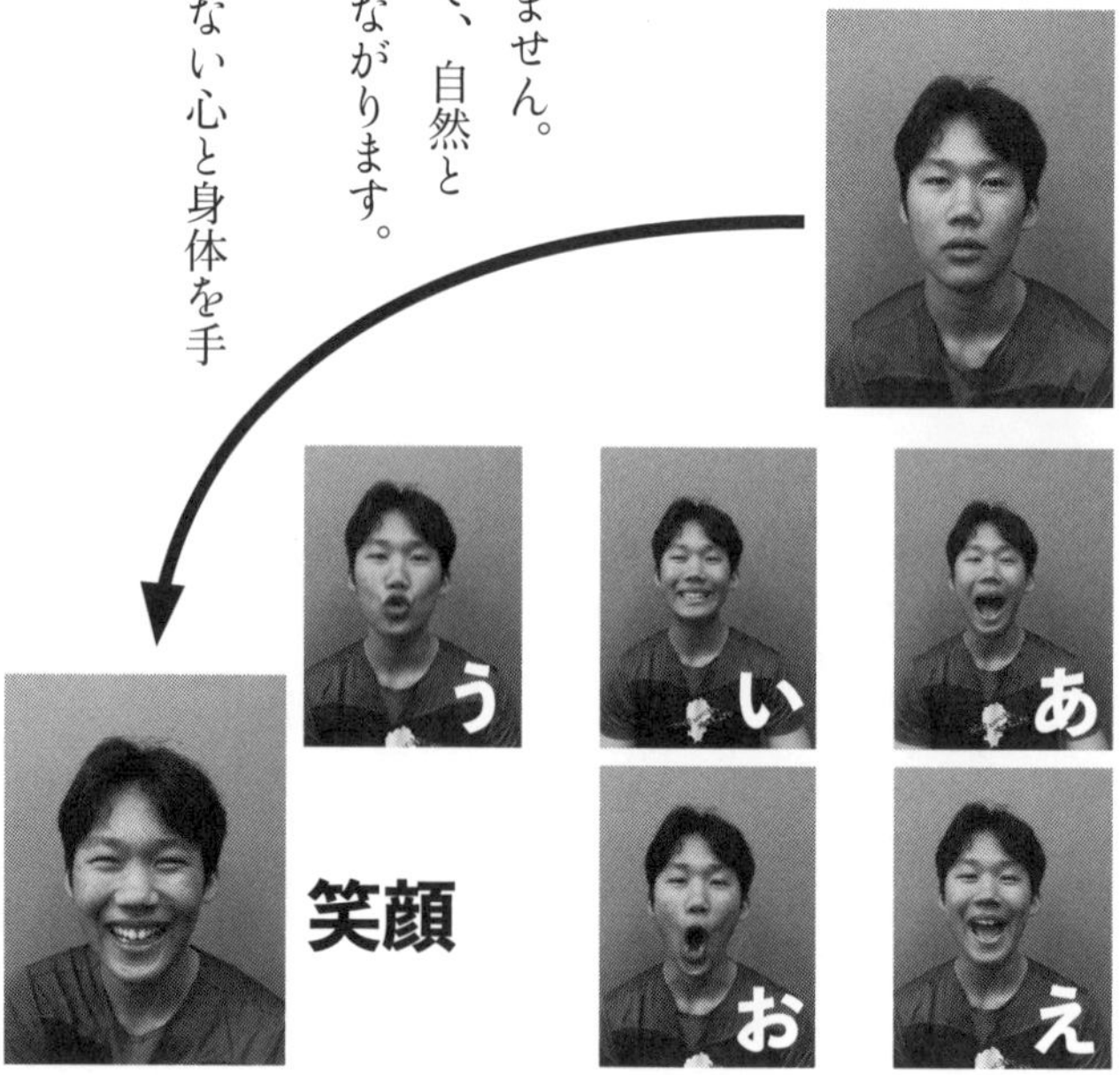

【まとめ】

成功している人は、心も身体もブレません。

「姿勢・呼吸・表情」を整えることで、自然と自信が生まれ、ビジネスの成果にもつながります。

今日から1つでも取り入れて、ブレない心と身体を手に入れましょう！

6

デスクワーク中心のビジネスマンにおすすめ！「リセット体操」

デスクワークが中心のビジネスマンは、座りっぱなしの姿勢によって特定の筋肉が硬くなり、体のバランスが崩れることで疲れやすくなります。

長時間目の前のパソコンでメールを送受信したり、調べ物をしたり、書類をまとめたり、スマートフォンに目を移せば、ＳＮＳ（ソーシャル・ネットワーキング・サービス）やゲーム、ここでもメールの確認など常に身体を大きく動かすことなくその場で仕事をします。

座り続けることによって、目、肩、腰に負担がかかり続けるのです。

凝り固まった身体の様々な部位をほぐしていきましょう。

頭はスッキリし、身体も楽になります。

「疲れにくいカラダ」になるために重要な５つのストレッチをご紹介します。

1　腸腰筋ストレッチ（股関節の柔軟性ＵＰ＆腰痛予防）

《こんな人におすすめ》

●長時間座っていると腰が痛くなる
●立ち上がる時に腰が固まった感じがする
●姿勢が悪く、猫背になりやすい

《やり方》

1、椅子に浅く座り、片足を後ろに引く
2、後ろ足の股関節を伸ばすように、少し腰をそらす
3、20～30秒キープした後、反対足も同様に行う

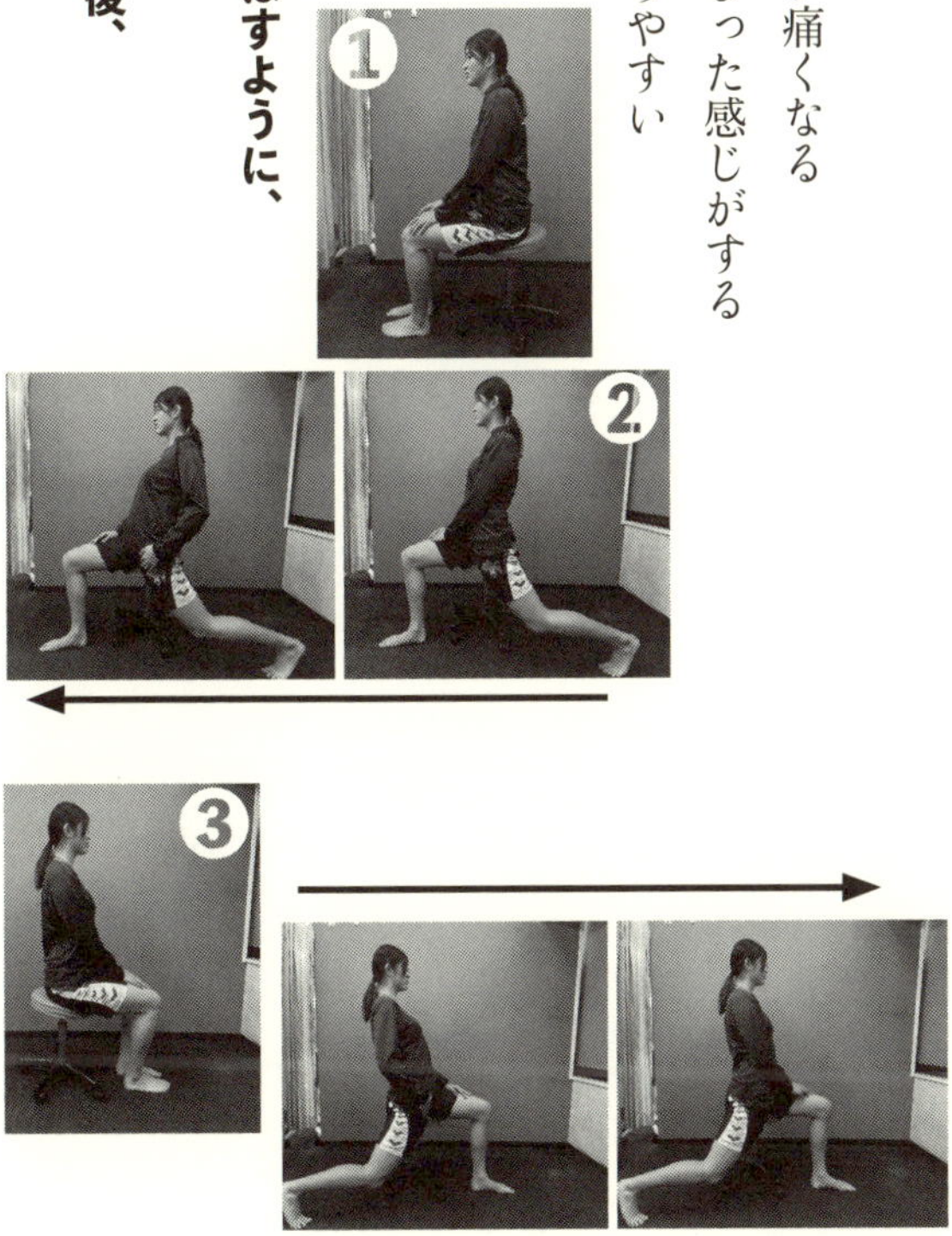

《ポイント》

◆背筋を伸ばして行う

◆股関節の前側（太ももの付け根）がしっかり伸びているのを感じる

《効果》

骨盤の歪みをリセットし、正しい姿勢をキープしやすくなる

股関節の柔軟性がＵＰし、腰痛予防につながる

歩行時のスムーズな動きをサポート

座って行う腸腰筋
ストレッチのやり方
下の動画で詳しく紹介

2　ハムストリングスストレッチ（脚の疲労回復＆姿勢改善）

《こんな人におすすめ》

●長時間座ると足がむくむ
●反り腰・猫背が気になる
●腰や膝に違和感を感じる

《やり方》

1、椅子に座り、片足を前に伸ばして
かかとを床につける

2、背筋を伸ばしたまま、ゆっくりと前に倒れる

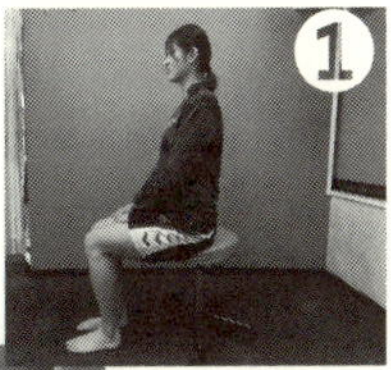

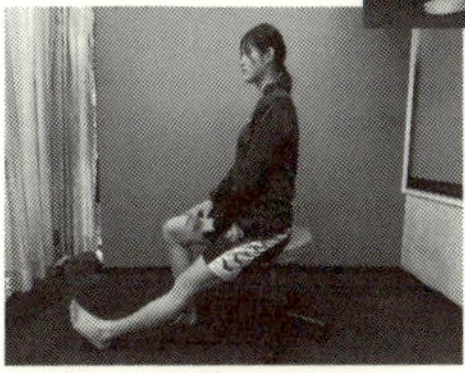

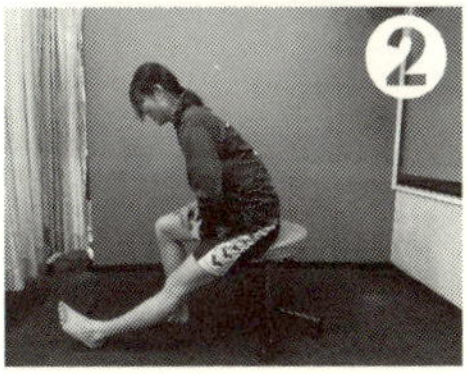

ハムストリングスの
ストレッチのやり方
下の動画で詳しく紹介

3、太ももの裏（ハムストリングス）が
伸びているのを感じながら
20〜30秒キープ

4、反対側も同様に行う

《ポイント》

背中を丸めず、骨盤から前に倒す イメージで行う
呼吸を止めずにゆっくり伸ばす

《効果》

◆脚の血流が改善し、むくみや疲れを軽減
◆骨盤の位置を整え、姿勢が良くなる
◆腰や膝への負担を軽減し、痛みの予防につながる

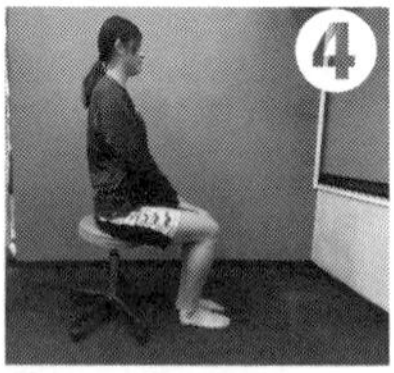

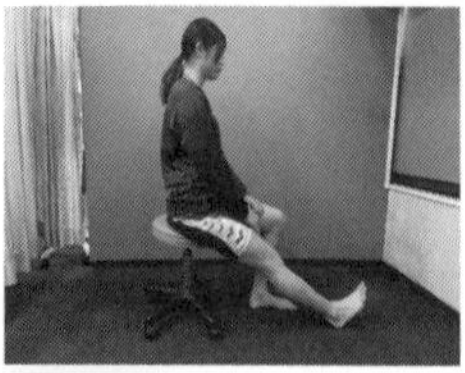

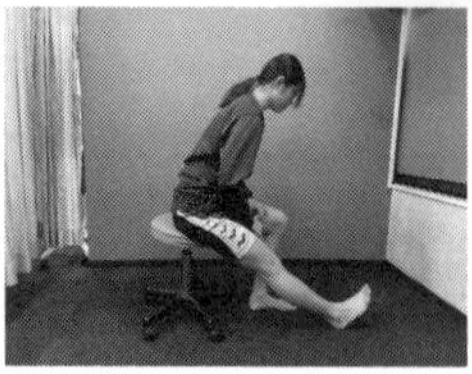

3 中殿筋ストレッチ（お尻の柔軟性ＵＰ＆腰痛予防）

《こんな人におすすめ》

★長時間座っていて、腰やお尻が張る
★股関節が硬いと感じる
★歩くときに左右のバランスが悪いと感じる

《やり方》

1、椅子に座り、片足を反対側の膝の上に乗せる

2、そのままゆっくりと上体を前に倒す

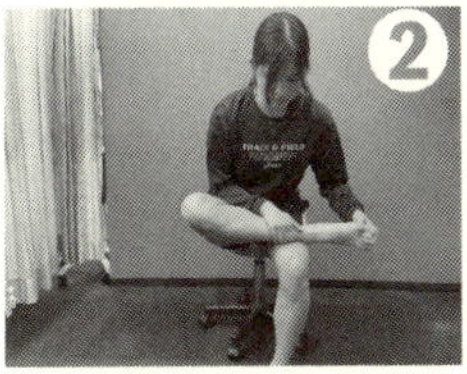

座って行う中殿筋
ストレッチのやり方
下の動画で詳しく紹介

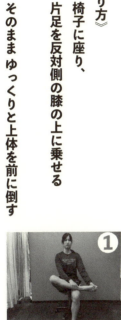

3、お尻の外側（中殿筋）が伸びているのを感じながら20～30秒キープ

4、反対側も同様に行う

《ポイント》

背筋を伸ばしたまま、腰から前に倒れるイメージ

無理のない範囲で、ゆっくりと膝を胸に引き寄せる

《効果》

◆お尻の筋肉がほぐれ、腰痛の予防につながる

◆股関節の柔軟性が向上し、歩行がスムーズになる

◆骨盤のバランスを整え、姿勢改善に役立つ

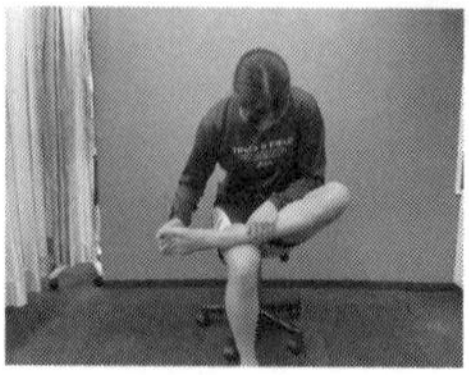

4
猫ストレッチ（肩こり・背中のハリ解消）

《こんな人におすすめ》

★肩こりがひどい
★背中が丸まりやすい
★デスクワークで首や肩が凝る

《やり方》

1、椅子に座ったまま 両手を前に伸ばす
2、背中を丸めながら、腕を前に引っ張るようにストレッチ
3、肩甲骨周りが伸びている のを感じながら20～30秒キープ

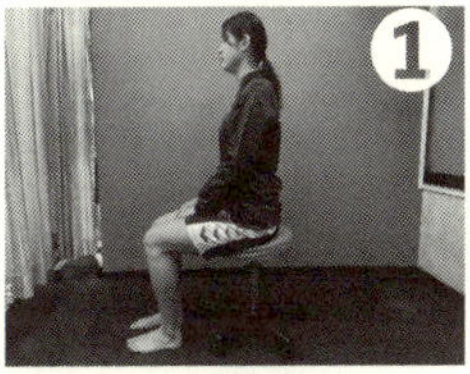

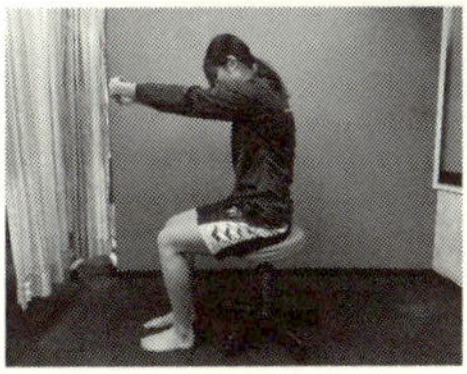

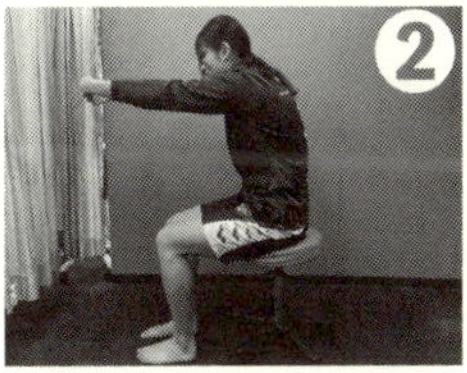

《ポイント》

しっかりと背中を丸めて肩甲骨を開く

《効果》

◆肩こり・背中のハリが解消

◆首・肩の血流が良くなる

◆猫背をリセットし、正しい姿勢を保ちやすくなる

猫ストレッチ体操のやり方
下の動画で詳しく紹介

5　胸ストレッチ（呼吸を深くし、疲労回復効果ＵＰ）

《こんな人におすすめ》

★呼吸が浅いと感じる
★猫背・巻き肩になりやすい
★集中力が続かない

《やり方》

1、椅子に座ったまま両手を後ろで組む
2、胸を開くように、ゆっくりと肩甲骨を寄せる
3、目線を斜め上に向け、20～30秒キープ

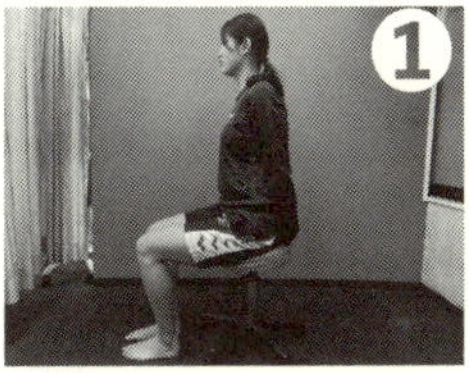

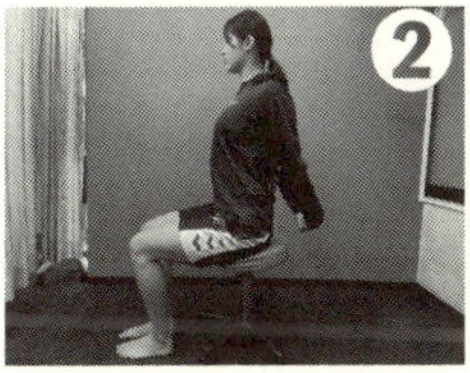

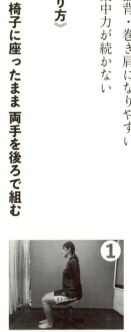

《ポイント》
しっかりと背筋を伸ばして肩甲骨を引き寄せる

《効果》
◆呼吸が深くなり、酸素をしっかり取り込める
◆肩の力が抜け、リラックス効果が得られる
◆猫背・巻き肩を改善し、姿勢が良くなる

胸ストレッチ体操のやり方
下の動画で詳しく紹介

6　疲れにくいカラダは「日々の習慣」から作られる！

ここまでの５つのリセット体操を１時間に１回取り入れるだけで、体の負担が大きく軽減されます。

「解剖学的肢位」に近づくことで、あなたの体は疲れにくく、快適に動けるようになります。

今日からできる「リセット体操」を、ぜひ毎日の習慣に取り入れてみてください！

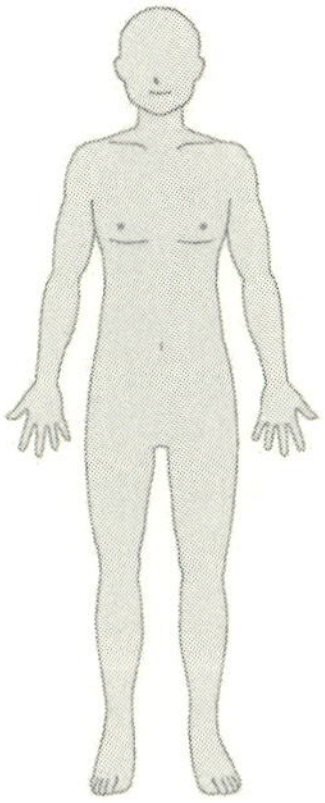

解剖学的肢位

Column

村田勝利選手（海外サッカー）

サッカー＝Ｊリーガー。これが小さい時から思い描いていたサッカー選手で小さい時から自分が目指す場所だった。海外で！　アジアで！　ヨーロッパで！今シーズンで海外サッカー選手となる夢を叶え10年目を迎えた。何故海外で？簡単に言うと、大学４年生の時プロサッカー選手になるという夢を叶える選択肢は海外でプロになる以外なかったから。日本での選手としての価値は０。大半の人はここで夢を諦め違う道を選択すると思う。だけど自分にはプロになれるという変な根拠があり諦めるという選択肢はなかった。そんな自分が小さい時からの夢を叶える為に残されていた選択肢は２つ。日本のピラミッドの下の方で上を目指すか、世界に目を向け可能性を増やし夢を追うか。長年想像していた物とは少し違っていても世界中どこにでもサッカーはある。日本に拘らず世界に目を向け、違う国に行けば自分に価値を見出してくれるチームが世界に１つはあるはず、海外での挑戦を決めた。結果、紆余曲折を経たが、日本を出るという行動を取っただけで、プロサッカー選手にしてくれる場所が見つかった。そこには熱狂的なサポーター、FIFAの音楽と共に入場する選手達、そしてそのサポーターの前で選手達は必死に楽しそうにプレーする。幼い頃から追い求めた夢がそこにあった。

夢へのアプローチの方法は王道の１つではない。挑戦して失敗したらまた違うアプローチを考えて行動し、夢への道を違う方向からでも繋いでいけばいつか辿り着く。

7

目標達成のための絶対法則：成長思考を胸に未来を切り拓く

本書を通じて、マインドセットがいかに私たちの人生を左右するか、そして目標達成のためにいかに重要であるかについて深く掘り下げてきました。

最終章では、これまでの学びを総括し、目標達成のための「絶対法則」と、成長思考の重要性を改めて強調します。

目標達成は、単なる努力や根性論では決して成し遂げられません。

必要なのは、目標達成のための「絶対法則」を理解し、それを実践することです。

この法則は、私が自身の経験を通して培ってきた、目標達成のための不変の原理原則です。

アスリートに共通する意識は、少しでも成長したいという「成長思考」です。

この章では、目標達成のための「絶対法則」と、成長思考の重要性について詳しく解説します。

目標達成の土台：成長思考

目標達成において最も重要な要素の一つが、「成長思考」です。

成長思考とは、自分の能力は固定的なものではなく、努力や学習によって向上させることができるという考え方です。1ミリでもいいから前に進みたい、「上手になりたい」という成長を志している状態のコトとも言えます。

この思考を持つことで、困難な状況でも諦めずに挑戦し、成長を続けることができます。

アスリートの世界では、常に自己ベストの更新を目指し、日々の練習で少しでも成長しようとする姿勢が見られます。

彼らは、失敗を恐れず、むしろそれを成長の機会と捉え、常に前向きに努力を続けます。

この成長思考こそが、彼らが目標を達成し、高いパフォーマンスを発揮するための原動力となっているのです。

私たちも、目標達成のためには、アスリートのような成長思考を持つことが重要です。

自分の能力を信じ、努力と学習によって成長できると信じることで、目標達成への道が開けます。

1　コミットした自分を演じ切る：未来の自分を創造する

「10年後の理想の自分」を想像してみてください。その理想の自分は、どのような姿勢で、どのような言葉を使い、どのような行動をとっているでしょうか？

目標達成の第一歩は、その理想の自分を「演じ切る」ことから始まります。

かつての私は、根暗で人見知りな性格でした。

しかし、「治療院で働く以上、患者さんのためにベストを尽くし、常に笑顔で接する」と決めた瞬間、私の意識は大きく変わりました。最初は「理想の自分を演じている」という感覚でしたが、それを続けるうちに、いつの間にかそれが「本当の自分」になっていました。

人は、「自分はこうなる」と思い込むことで、無意識のうちにそれを実現するための行動を取るようになります。つまり、**「成功者の自分」を演じ続けることで、現実がそれに追いついてくるのです。**

目標達成のためには、まず「10年後の理想の自分」を明確にイメージし、その理想の自分を「演じ切る」こと。

例えば、あなたが「10年後にプロ野球選手になる」という目標を立てたとします。その場合、「プロ野球選手として将来活躍している姿」をイメージし続けなければいけません。そうすることで、あなたの潜在意識に「私はプロ野球選手である」というイメージが定着し、将来のプロ野球選手としての行動が自然とできるようになります。

「演じ切る」とは、単に外見や行動を真似るだけでなく、内面的な変化も促すことです。理想の人物像が持つ価値観や信念を理解し、自分のものとして取り入れることで、より深いレベルでの自己変革が可能となります。

また、理想の自分を演じる過程で、予期せぬ困難や挫折に直面することもあります。そのような時こそ、理想の自分ならどう乗り越えるかを考え、行動することが重要です。

理想の自分を演じ続けることで、あなたは徐々にその人物像に近づき、最終的には理想の自分と一体化することができます。

2 思い込みに囚われない

「自分には無理だ」という思い込みは、目標達成の最大の敵です。

かつての私も、「スポーツトレーナーになんてなれるわけがない」「海外で活躍するなんて夢のまた夢」と思っていました。

しかし、実際にそれを実現している人たちと出会い、話を聞くことで、「自分にもできるかもしれない」という気持ちが芽生えました。

成功者に共通するのは、「素直さ」「行動の速さ」「真似をする力」です。

彼らは、「できない」という思い込みを捨て、「どうすればできるか?」を考え、行動し、結果を見ながら軌道修正していきます。目標達成のためには、「できない」という思い込みを捨て、「どうすればできるか?」を考え、まず行動に移すこと。

「できない」という思い込みは、過去の経験や周囲の意見によって作られることが多いです。しかし、過去の経験はあくまで過去のものですし、周囲の意見も一つの意見に過ぎません。

例えば、あなたが「英語を話せるようになりたい」と思っていても、「自分は日本人だから無理だ」とか「今から勉強しても遅すぎる」といった思い込みがあると、なかなか行動に移せません。

しかし、実際には、日本人が英語を話せるようになることは可能ですし、何歳からでも英語を習得することは可能です。

大切なのは、「できない」という思い込みを捨て、「どうすればできるか？」を考え、具体的な行動に移すことです。

思い込みから離れるためには、まず自分の思い込みに気づくことが重要です。

そして、その思い込みが本当に正しいのかを検証してみましょう。

過去の成功体験や、目標を達成した人の事例などを参考にすることで、思い込みを打ち破ることができます。

また、小さな成功体験を積み重ねることで、自信をつけることも有効です。

目標を細分化し、達成可能な小さな目標をクリアしていくことで、「自分にもできる」という感覚を養うことができます。

3 比較の仕方を間違えない

人と比べることは、時にモチベーションを高める一方で、時に自信を喪失させる要因にもなります。しかし、「比べること」自体が悪いのではなく、「比べ方」が重要なのです。

過去の私は、周囲と自分を比較し、「自分はまだまだだ…」と落ち込むことがありました。

しかし、ある時、「**人と比べるのではなく、過去の自分と比べること**」が大切だと気づきました。

過去の自分と比較することで、成長を実感し、モチベーションを維持することができるのです。

また、同じ業界の成功者と比べることで、自分だけの「強み」を知ることができました。自分の得意分野にフォーカスし、それを伸ばすことができれば、比べることは「成長のためのツール」となるのです。

目標達成のためには、他人と比較するのではなく、過去の自分と比較し、成長を実感すること。

例えば、あなたが「起業して成功したい」と思っていても、周りの起業家と自分を比較して、「自分はまだ経験が浅い」とか「資金がない」といったように落ち込んでしまうことがあります。まずはそこではなく身近な人と比較してみてはどうでしょうか？　それが過去の自分です。一番身近で分かっている存在と比較することで今まで見えなかったものが見えてきます。

過去の自分と比較して、「以前よりも知識や経験が増えた」とか「少しずつ人脈が広がってきた」といったように、自分の成長に目を向けることで、モチベーションを維持することができます。これがとても重要なことなのです。

また、成功している起業家と自分を比較して、「自分にはない強みは何か？」、「成功するために必要なことは何か？」といったように、学びを得ることで、自分の成長に繋げることができます。

過去の自分と比較することで、客観的に自分の成長を評価することができます。

過去の自分を基準にすることで、小さな成長にも気づきやすくなり、モチベーションを維持することができます。

4 マインドセットから離れる

目標達成のためにマインドセットを学ぶことは重要ですが、囚われすぎてはいけません。

次のステップはマインドセットから離れることです。

なぜかというと

本当の成功は、自分の願望を叶えた時ではなく、「周りの願望を叶えた時」に訪れます。


私が選手のトレーナーをしていた時、「彼らに最高のパフォーマンスを発揮させること」だけを考えていました。

すると、結果として私自身の評価が上がり、メディアにも取り上げられ、ビジネスも軌道に乗りました。

人は誰でも「評価されたい生き物」です。

しかし、その**評価を決めるのは自分ではなく、周りの人です。**

だからこそ、「頑張っているのに報われない…」と嘆くのではなく、「無我夢中で結果を出し、周りに評価させる」ことが大切なのです。

目標達成のためには、自分のことばかり考えるのではなく、周りの人のために行動し、評価は後からついてくることを信じること。

例えば、あなたが「社会貢献活動をしたい」と思っていても、「自分には力がない」とか「お金がない」といったように、自分のことばかり考えていると、なかなか行動に移せません。

しかし、「困っている人を助けたい」とか「社会を良くしたい」といったように、周りの人のために行動することを意識することで、自然とお金や仲間が集まってきます。

そして、その行動が周りの人に評価され、感謝されることで、あなた自身の喜びや達成感にも繋がります。

無我夢中になるためには、まず自分の情熱を注げる目標を見つけることが重要です。

目標に対して強い情熱を持つことで、困難な状況でも諦めずに努力を続けることができます。

また、目標達成のために必要なスキルや知識を習得することも重要です。

目標達成に必要なスキルや知識を習得することで、自信を持って行動することができます。

目標達成の過程で、時には失敗や挫折を経験することもあるでしょう。

しかし、失敗や挫折から学び、改善を重ねることで、目標達成に近づくことができます。

どの時代、どの世界にも天才と呼ばれる人はいます。ただ、天才と呼ばれる人にも失敗や挫折はあります。

「失敗は成功の元」というように、失敗、挫折があるからこそ、一気に飛躍することが可能になるのです。

失敗や挫折を恐れることなく、前向きな姿勢でいきましょう。

失敗や挫折から得られるものは多いです。

それを糧に目標に向かって成長していってください。

5 可愛がってもらう意識を忘れない

人は「可愛げがある人」を応援したくなるものです。

可愛がられる人は、笑顔があり、正直で素直で、前向きで、感謝を忘れず、勉強熱心です。


私自身、多くの先輩方に可愛がってもらい、成長の機会を与えてもらいました。

だからこそ、今度は「自分が応援する側」になることを意識しています。

「この人を応援したい！」と思える人は、上記の特徴を持っているものです。

目標達成のためには、周りの人に感謝し、応援されるような人間性を磨くこと。

可愛がって貰う秘訣は報告・連絡・相談できること。そして貢献する意識をわすれないこと。

例えば、あなたが「世の中を変えたい」と思っていても、横柄な態度をとったり、感謝の気持ちを伝えなかったりすると、なかなか協力してくれる人は現れません。

しかし、いつも笑顔で接し、素直にアドバイスを受け入れ、感謝の気持ちを伝えるようにすれば、周りの人はあなたを応援したくなるでしょう。

また、積極的に勉強したり、人の役に立つことをしたりすることで、あなたの人間的な魅力が高まり、自然と応援者が増えていきます。

可愛がられる人の特徴と行動

笑顔と感謝の気持ち：常に笑顔を心がけ、些細なことにも感謝の気持ちを伝える。
素直さと謙虚さ：自分の非を認め、素直に謝罪し、謙虚な姿勢を保つ。
報告・連絡・相談：積極的にコミュニケーションを取り、問題や進捗状況を共有する。
貢献の意識：周囲の人のために何ができるかを考え、積極的に行動する。
学習意欲：常に新しい知識やスキルを習得しようとする。

ポジティブな姿勢：前向きな言葉を使い、周囲を明るくする。

可愛がられるための具体的な行動

挨拶と感謝の言葉：常に笑顔で挨拶をし、「ありがとうございます」という感謝の言葉を伝える。

相手の話をよく聞く：相手の話に耳を傾け、共感する姿勢を示す。

頼まれたことは快く引き受ける：可能な範囲で、頼まれたことは快く引き受ける。

自分の知識やスキルを共有する：自分の知識やスキルを惜しみなく共有し、周囲の人の成長を助ける。

定期的に進捗状況を報告する：先輩や上司に、定期的に進捗状況を報告し、安心感を与える。

可愛がられることは、目標達成を加速させるだけでなく、豊かな人間関係を築く上でも重要です。
周囲の人々との良好な関係は、あなたの人生をより豊かにし、成功への道を力強く後押ししてくれるでしょう。

時として性格が合わない人もいるでしょう。
そんな時でも心に壁を作ってはいけません。
無理に可愛いがられろとは言いません。
ただ、生きている限り周りが全員いい人なわけがありません。
いい関係性を築くためにも努力は必要です。
この人合わないなと思ってすぐ縁を切るのはやめましょう。
縁を切るのではなく遠ざかる位が良いでしょう。
お互いの成長によって距離が近づくコトも又あるのですから。

6　悲壮感を出さない

「絶対に成功しなければ…」と焦ると、かえってうまくいきません。

かつての私は、トレーナーとして駆け出しの頃、焦りまくっていました。しかし、焦りから生まれるのは「不安」「プレッシャー」「萎縮」だけです。

上手くいった時のことを想像してニヤニヤするくらいの余裕を持つ。悲壮感を捨て、楽しみながら取り組むことで、最高のパフォーマンスを発揮できるのです。常にポジティブシンキングを心がけてください。

マイナスの思考は障壁になることが多いです。何事も楽しんで行いましょう。

「神様だったらどんな人なら応援したいか？」

そんな視点で考えた時、悲壮感が顔に出ている人より、前向きな人の方が応援したくなりますよね？　そんなイメージです。目標達成の過程は決して苦しいものではありません。

むしろ、目標に向かって努力し、成長を実感する喜びを感じられるものです。

悲壮感を捨て、楽しみながら目標達成を目指しましょう。

おわりに

人はなぜサボるのか？


「なんとかなっているから」「ラクだから」。

これが、私が多くの人を見てきた中で感じたサボる理由です。

では、人はなぜ諦めるのでしょうか？

それは、未来が描けなくなったときではないかと私は思います。


私自身、運動神経も悪く、異性にもモテない。

そんな自信のない人生を送っていました。

「どうせ僕なんて…」

そう思いながら過ごしていた私が変われたのは、岩本輝雄さんをはじめ、多くのアスリートの成長
思考に感化されたからでした。

彼らを見て、挑戦することが「習慣」になったのです。

才能は確かに影響します。しかし、最も重要なのは「環境」と「行動」です。

環境を変え、行動し続けたからこそ、私は成長できたのです。

成功する人と、諦める人の違いとは？

「どうせ無理」と思った時点で、多くの人は立ち止まってしまいます。

しかし、成功する人は「どうすれば達成できるか？」を考え続け、行動し続けます。

ここが、成功する人と諦める人の決定的な違いです。

諦める人→過去・現在の結果を見て、「無理だ」と判断する。

成功する人→未来から逆算し、「どうすればできるか？」を考える。

この違いはたった一つの思考の違いで生まれます。

それが「HOW思考」です。

そして成功する人には、もう一つの共通点があります。

それは「モデリングの意識」を持っていること。

彼らは、自分と同じ境遇の壁を乗り越えた人のやり方を徹底的に真似するのです。

「愚かな者は経験から学び、賢い者は歴史から学ぶ」と言われるように、うまくいっている人から素直に学ぶことが、成功への大きな分かれ道になります。

成功者は「ベクトルを自分から周りへ」向ける

「マインドセット」は、自分と向き合うことから始まります。

しかし、本当の成功者は、ある時点で「周りのために頑張る」へと変わります。

私自身、かつては「自分のため」に努力していました。

しかし、トレーナーや整体師として「誰かのために動く」ことを意識したとき、不思議と応援してくれる人が増えたのです。

目標を達成し、自己肯定感が高まると、人は「次は誰かの役に立ちたい」と考えるようになります。

私も学生時代は「見返してやる！」という反骨心で努力していましたが、ある時「とっくに認めてるよ」と言われた瞬間、恥ずかしさとともに「カッコ悪い自分」に気づいたのです。

最初は「自分のため」で構いません。

でも、そこで終わらず「周りのため」にシフトできるかどうか。

これが人生の成功を決める分岐点になります。

最後に、あなたに伝えたいことがあります。

とにかく一つでも行動に移してほしい。

行動すると、必ずうまくいかないこともあります。

でも、それは成長のチャンスです。

大切なのは、一人で悩まないこと。

乗り越えた人の話を聞く
「自分は人生をかけて何を成し遂げたいのか？」と原点回帰する。

そして、最初のアクションとして「書くこと」をおすすめします。

書くことで、記録が残り、記憶が強化され、潜在意識に刻まれるのです。

だからこそ、この本では「書き込めるスペース」をたくさん作りました。

あなたが「10年後の自分」へメッセージを書くことで、夢はより現実に近づくでしょう。

もし、夢を本気で叶えたいという強い想いがあるなら、ぜひメッセージをください。

できる限り応援させていただきます。

数年後、あなたから
「夢を実現できました！」というメッセージが届くことを楽しみにしています。

追伸：この本が生まれるまで
この本を書くにあたり、何度も壁にぶつかりました。
執筆の途中で悩み、行き詰まり、何度も投げ出したくなったこともあります。
そんなとき、励ましてくださったぱる出版並びに関係の皆様。

とくに加筆・編集で支えてくださった高田和典さんに、心から感謝申し上げます。

この本が、かつての「どうせ無理」と思っていた自分と同じように悩んでいる人に届き、少しでも行動を起こすきっかけになれば、これ以上の喜びはありません。

最後に、私が師匠に夢を語ったとき、いつもかけてもらった言葉をあなたにも贈ります。


「お前なら、できる!」

高校生の時の矢貫氏

プロ入団時

近影

あなたの夢を応援します

マインドセットをお読み頂いた方で感化された方に YouTube、
メルマガ、LINE を通じてアナタの夢を応援します。
全てフォローして LINE にメッセージをください。

くろまくチャンネル

YouTube くろまくチャンネルでは
身体の使い方・トレーニングを中心に
心と身体に関する情報を配信中！

高子大樹公式メルマガ

・マインドセット・ビジネスアイディア
・人生を豊かにする方法を配信
・コーチングを検討してる方もコチラ

マインドセット公式 LINE

自分でやる気になるのも技術のうち
日々自分を高める情報を配信
『マインドセット』とメッセージを
くれた方に動画をプレゼント‼

カラダの悩み、丹田呼吸 (体幹チューニング) を受けたい方はお問い合わせ下さい

たかこ整骨院　045-788-6635

※予約優先となります

※プレゼントは予告なく終了となる場合がございます。あらかじめご了承ください。
図書館等の貸出、古書店での購入ではプレゼントは出来ません。
※本特典の提供は、高子大樹が実施します。
販売書店、取扱図書館、出版社とは関係ございません。

高子大樹（たかこ・ひろき）
マインドセットコーチ、スポーツトレーナー、たかこ整骨院院長、横浜市「たかこ整骨院」「くろまく整骨院」総院長。株式会社ライトワークス代表。
2006年FIFAクラブワールドカップトレーナー。セリーグ最多勝利投手になった横浜DNAベイスターズ東克樹投手を復帰までサポートするなど、数々のトップアスリートと接する中で学んだ「結果を出す為の成長・成功マインド」を確立。東克樹他、サッカー元日本代表岩本輝雄、大分トリニータ薩川淳貴、ムエタイチャンピオン奥脇竜哉を中心に多くのプロスポーツ選手のサポートをしている。
著書に『「黒幕」を知れば痛みは治る!』(新版改題『肩・腰・膝 痛みのしくみ』)、『足腰は1分で強くなる』(自由国民社)、『ひざ痛は1分で消える！』（マキノ出版）、『繁盛治療院にする方法』（つた書房）、『座りすぎ腰痛は1分で治る！』（さくら舎）がある。

［マインドセット］ビジネスマン最高《さいこう》のカラダ作《づく》り

2025年5月9日　初版発行

著者　高子大樹
発行者　和田智明
発行所　株式会社 ぱる出版
〒160-0011　東京都新宿区若葉1-9-16
03(3353)2835―代表
03(3353)2826―FAX
印刷・製本　中央精版印刷(株)
本書籍に関するお問い合わせ、ご連絡は下記にて承ります。
https://www.pal-pub.jp/contact

ISBN978-4-8272-1493-2 C0034